KB152561

주식시장

종목선택과 매매 타이밍

흐름 읽는 법

우라가미 구니오 지음
박승원 옮김

한국경제신문

역자의 말

그 때는 증권회사에 다닌다는 것이 그렇게 자랑스러울 수가 없었다. 정말 멋진 직업을 선택한 자신의 탁월한 선견성에 감탄하지 않을 수 없었고 자신이 추천한 종목이 하늘 높은줄 모르고 오를 때 자신의 금융적 재능에 대해 새삼 감탄하지 않을 수 없는 자기도취적 열광에 들떠 있었다.

그러나 그 열광도 잠시뿐 추락하는 것은 날개가 있다는 것을 가끔씩 증명해 주는 정도의 반등만이 있을뿐 끝없이 바닥을 향해 돌진하는 주가를 보면서 자신의 금융적 재능에 대해 회의하지 않을 수 없었고 소위 깡통이라는 단어가 신문지면을 장식할 때 직업선택의 탁월한 선견성은 깡통차기에 알맞는 수준으로 급락하고 말았다.

주가의 상승신화를 굳게 믿은 경험부족의 증권맨과 투자자가 한덩어리가 되어 사상의 누각을 쌓아가는 데 일로매진한 1980년대 후반의 역사는 우리 증권맨과 투자자에게 귀중한 교훈을 남겨 주었다. 그러나 그 교훈이 어느 정도 지속력을 가지고 활용될 것인가에 대해 갤브레이스(John K. Galbraith) 교수는 특히 금융에 관한 기억은 극히 짧아서 불과 몇 년사이에 똑같은 실수를 반복한다고 하였다.

4

이 책이 증권맨 및 투자자가 자신의 금융적 천재성에 대한 도취감에 빠져 낙관론이 자기증식을 거듭할 때, 반대로 모두가 주가폭락의 범인찾기에 혈안이 되고 비관론이 온 시장을 지배할 때, 증권시장을 둘러싼 환경을 차분하게 되돌아보고 본래의 평상심을 되찾아 투자자는 귀중한 자신의 재산을 지키는 데, 증권맨은 직업선택의 잘못을 탓하지 않도록 하는 데 일조가 되었으면 한다.

사실 이 책을 우리 회사의 직원용으로 번역 발간한 것이 1990년의 일로 벌써 3년이 지났다. 3년이 지난 시점에서 감히 출판에 나서게 된 것은 이 책이 주장하는 주식장세의 큰 흐름이 역사와 문화 등 여러 면에서 차이가 있는 한국 시장에도 상당수 적용될 수 있다는 확신 때문이다.

이번에 이 책을 발간함에 있어 역자는 거의 한 일이 없다. 역자가 근무하는 신영증권의 절대적인 지원이 없었다면 불가능한 일이었다. 역자를 대신하여 출판에 힘써준 기획실 김순성 과장, 조사부 김한진 과장, 국제부 장세양 차장, 그리고 이 책을 소개해준 신촌지점의 신현도 과장에게 깊은 감사를 드린다.

끝으로 발간에 즈음하여 바쁜 가운데서도 한국어판 서문을 쾌히 써 주신 저자에게 3년전의 저작권 침해에 대한 무례를 갚을 수 있어 무엇보다 기쁘다. 또한 출판을 맡아준 한국경제신문사에도 감사드린다.

1993년 9월
도쿄에서 역자

한국어판 발간에 부쳐

어떤 분야이든 장래를 예측한다는 것은 대단히 어려운 일이다. 특히 정치·경제·이상기후·국제분쟁, 그 밖의 갖가지 현상을 반영하는 주식시장의 예측은 더욱 더 그러하다. 이것이 개별 국가로 옮겨가면 그 나라별 특수요인으로 인해 한층 더 불투명하다.

그러나 이와 같이 어뜻 제멋대로 움직이는 것 처럼 보이는 주식시장의 움직임에도 4계절의 변화와 같은 보편적인 움직임이 있다. 졸저《주식시장 흐름 읽는 법(原書名 ; 相場サイクルの見分け方)》은 이러한 생각에 바탕을 두고 쓴 것이다.

이 책이 일본에서 출간되었을 때, 때마침 일본의 주식시장은 거품장세의 절정기였다. 이 책의 내용 중에『아무리 일본이 채권대국이라고는 하나 도쿄시장은 또다시 주식시장의 국면추이의 사이클에서 벗어나지 못한다는 것을 재인식시켜 줄 것이다.』라고 말했다. 확실히 도쿄시장은 그후「역금융장세」에서「역실적장세」로 이행하여 1992년 8월에 큰 바닥을 시현한 후 겨우「금융장세」로 전환되었다.

그러나 거품경제 붕괴의 상처가 너무나 큰 탓에 시장관계자의 일

6

부에서는 이번에는 「실적장세」가 도래하지 않을 것이라는 견해도 나오고 있다. 확실히 장세의 크기는 80년대의 장세에는 비교 할 수 없지만 이번에도 또 「실적장세」가 가까운 장래에 틀림없이 찾아올 것이다.

한편, 한국 주식시장의 주가 움직임을 보면 거의 도쿄시장의 움직임과 비슷한 패턴을 보이고 있다. 최근에 들어 「금융실명제」 실시로 일시적으로 큰 동요를 보이고 있으나 도쿄시장과 마찬가지로 1992년의 큰 바닥을 밑도는 일은 없을 것이다. 1991년 말부터의 회사채 수익률 추이를 보면 한국 시장도 1992년 이후는 「금융장세」 국면으로 이행했다고 보여진다. 당장은 문제가 많아 보이나 증권시장 개방화의 진전하에서 가까운 장래에 「실적장세」에 대한 전망이 보이게 될 것이다.

이러한 시기에 관계자의 노력으로 졸저 《주식시장 흐름 읽는 법》이 한국에서 발간되게 된 것은 저자에게 있어 대단히 명예롭고 기쁜 일이다. 이 책이 한국의 투자가 및 시장관계자에게 장세를 판단하는 데 도움이 되었으면 한다.

끝으로 이 책의 한국어판 번역을 맡아준 신영증권의 박승원씨와 출판을 쾌히 승락해 준 한국경제신문사에 감사드리는 바이다.

1993년 9월 13일
저 자

머 리 말

1년사이에 배로 상승하는 그러한 종목을 찾는 것과 뭉칫돈을 매년 꾸준하게 10% 이상의 수익률이 되도록 주식투자로 운용하는 것과는 전혀 의미가 다르다는 것을 아는 데 꽤 많은 시간이 걸린 것 같은 느낌이 든다.

더욱이 세월이 흐름에 따라 3,000만 엔(円)이라는 돈을 1년사이에 5,000만 엔으로 늘리는 것은 어렵기는 하지만 전혀 불가능한 것은 아니지만 매년 닛케이(日經) 평균 주가상승률을 웃돌고 또한 마이너스가 되지 않도록 30억 엔의 자산을 지속적으로 운용하는 것은 거의 불가능에 가깝다는 것을 뼈저리게 느꼈다. 즉 주식으로 돈을 버는 것과 머니 매니지먼트가 다르다는 것을 겨우 깨닫고, 미들 리턴(middle return)과 로 리스크(low risk)를 양립시키는 것이 얼마나 어려운 것인가를 늦게나마 알게 되었다고 해야 할 것이다.

이것은 내가 시장부 직원에서 출발하여 증권영업자, 증권조사부 직원, 투자자문회사의 펀드 매니저, 현재의 투자신탁회사 어드바이저에 이르는 40년간의 경력에 힘입은 바도 다분히 있다고 생각한다. 어쩌면 투자에 관한 기본적인 논리를 몸에 익히고 나서 머니 비즈니스의 세계에 들어가야 할 것을, 갑자기 장세(場勢)의 가장 뜨거운 세계를 피부로 느끼고 서서히 장세의 중심에서 멀어져 어느 정도 냉정히 분석하는 입장에 이르렀다고 하는 통상(通常)의 경우와는 반대의 순서를 밟아왔다는 것도 영향을 미치고 있을 것이다.

이 책은 이러한 경험을 가진 필자가 40년간 주식장세와의 접촉으로 겨우 몸에 익힌 주식장세 국면추이에 관하여 그 해설을 시도해 본 것이다.

언뜻 보기에 무질서하고 예측이 불가능한 것처럼 보이는 주식시장도 장기적으로 보면 일정한 특징을 가진 네 개의 국면(局面)을 반복하고 있다는 것을 알 수 있다. 즉 금융장세·실적장세·역금융장세·역실적장세의 4국면이다. 그리고 이 순번이 바뀌는 경우는 없다. 이 네 개의 국면이 어떠한 요인으로 순환하고 각각의 국면에서 어떠한 종목이 활약하는가를 숙지(熟知)해두면 주식투자의 성과를 올리는 것은 물론, 쓸데없는 리스크도 피할 수 있다.

그러나 아무리 「단순」하고 「기본적」이지만 『주식시장의 사계(四季)』라고도 할 수 있는 시황(市況)의 4국면을 일반 투자가에게 알기 쉽게 해설하는 것이 얼마나 어려운 일인가를 절감하였다.

그래서 필자는 이 책을 가능한 한 많은 분들이 이해할 수 있도록 쉽게 씀과 동시에 독자의 대상을 필자 나름대로 좁혀 써나가기로 하였다.

우선 투자 스탠스(stance)는 최저 6개월에서 2~3년 단위의 중·장기투자를 목적으로 하고 경제신문의 주식시황해설을 필독할 뿐만 아니라 경제해설에도 관심을 기울이는 주식투자 경력 5년 이상의 일반투자가, 입사 3년 이상의 증권 맨, 펀드 매니저를 지향하는 젊은 예비군 등이다.

게는 구멍을 파더라도 게딱지만하게 구멍을 판다고 한다. 나의 경우에도 결국은 내 자신의 경험과 부족한 지식의 범위 내에서 주식장세(株式場勢)에 관하여 이야기할 수밖에 없다. 따라서 이 책에서는 그 줄거리는 물론 세부사항에서도 여러분의 기대에 미치지 못하는 바가 많을 줄로 안다. 독자 여러분의 질정(叱正)을 기대한다.

1990년 4월

浦上 邦雄(우라가미 구니오)

차　례

제1장
•
리스크를 피하기 위하여

『안심하고 주식을 사는 가장 확실한 방법은 증권 회사의 리포트를 발췌하여 종합 전재하고 있는 《월 스트리트 리포트집》 최신호 색인을 조사하여 거기에 이름이 나와 있지 않은 종목에 초점을 맞추는 것이다.』

—워렌 바페트
《펀드 매니저》(J. 트레인 저)에서

1. 기본을 지킨다

「일류 프로일수록 기본에 충실」

딱 한 번 투어골프 토너먼트를 관전할 기회가 있었다.

평소 TV에서 해설자의 이야기를 들으면서 보는 것에 비해 많은 참고가 되었다. TV에서는 마치 경기의 하이라이트를 쫓듯이, 아니 그것보다는 시청자를 싫증나지 않게 하기 위하여 톱랭크인 유명 프로의 경기장면을 주로 보여준다. 15번 홀의 티샷에서 강타하는 A프로의 장면에서, 갑자기 17번 홀에서 롱퍼트를 성공시키는 B프로의 갓 포즈라는 식으로….

그런데 경기장에서는 한 장소에 진을 치고 줄곧 프로골퍼의 티샷만을 보든가 아니면 좋아하는 프로골퍼의 뒤를 졸졸 쫓아다니든가 하는 둘 중 하나로 도저히 숨죽이는 그러한 시소게임을 볼 기회가 없다.

그러나 그러한 현장감은 물론 TV에서 비추는 일이 거의 없는 프로골퍼의 플레이 전후 행동을 보고 깊은 감동을 받았다. 그것은 한 마디로 기본에 충실하다는 것이다. 또한 공통적으로 일류라 불리는 프로일수록 더더욱 기본에 충실하였다.

예를 들면 티샷에서 의도와는 달리 조금이라도 타구가 빗나가면 그 원인을 체크하기 위해 발밑에 클럽을 두고 정신을 집중하여 발의 자세를 확인한다. 또 그린에 가까워지면 공의 위치에서 반드시 그린 에지(green edge)까지 발로 측정하여 이것을 메모한다. 물론 풍속과 공이 떨어진 장소의 상황을 확인하여 자신의 최대 적인 코스의 모든 정보를 수집하고 서서히 클럽을 뽑아 샷에 들어간다.

그리고 트러블이라고 생각되는 상황이 전개되어도 아주 냉정하다. 그것은 기본에 충실하게 행한 샷에서 뜻밖의 트러블이 발생했다 하더라도 다음 샷에서 반드시 만회할 수 있다는 자신감에 넘쳐 있기 때문일 것이다.

서두가 조금 장황해졌는데, 요컨대 전문가라 불리는 사람일수록 우선 기본을 몸에 익히고, 실전에 임해서는 그것을 충실히 지킨다는 것을 이야기하고 싶었던 것이나.

리스크를 피하는 것이 투자의 프로

스포츠 또는 장기나 바둑의 세계에서는 프로와 아마의 실력차는 확연하다. 그러나 주식투자의 세계에서는 그 차이가 그다지 확실하지 않다. 『입사 2~3년째의 증권회사 영업자와 투자경력 20년의 투자가를 비교하여 어느 쪽이 더 주식투자의 전문가인가』라는 질문을 받더라도 딱 잘라 대답할 수가 없다.

확실히 대량의 자금을 운용하고 있는 펀드 매니저(fund manager)라 불리는 사람들은 투자에 대한 기본적 이론을 배우고 자금의 성격에 맞는 투자 룰에 따라 운용을 하고 있다. 한 해의 운용성적은 물론, 수 년간의 평균으로도 확정부채권의 수익률을 웃도는 운용성과를 올리고 있다. 이 점에서는 머니 매니지먼트의 전문가라 해도 좋을 것이다.

그러나 이러한 펀드 매니저도 컴퓨터를 사용하여 닛케이(日經) 평균주가 움직임과 연동시킨 인덱스 펀드(Index Fund)의 운용성적을 5년 이상에 걸쳐 웃도는 것은 불가능에 가까운 일이다.

이와 같이 프로라 불리는 사람들조차도 장기간에 걸쳐 프로로서의 평가를 유지하기가 어려운 것이 주식투자의 세계인 것이다. 그러면 태어날 때부터 승부사적인 기질을 타고나는 것이 좋은가 하면, 이러한 투기꾼이 최후까지 승부의 세계에서 살아남은 예는 전무하다고 해도 좋다.

우선 균형감각을 가지고 투자의 기본적인 이론에 대해서 어느 정도의 지식을 쌓고, 어떻게 하면 리스크를 피할 수 있을 것인가에 대해 부심하는 것이야말로 투자의 프로로서 인정받게 되는 첫걸음이 아닌가 한다.

골프의 스코어 메이킹은 타구를 얼마나 멀리 날리는가에 있는 것이 아니라 얼마만큼 미스 샷을 줄일 수 있는가에 달려 있는 것이다.

2. 우선 투자전략을 확립하라

전략을 중시하는 월 스트리트

월 스트리트의 거대 기관투자가에게는 스트래티지스트(strategist)라는 직함을 가진 사람들이 있다. 스트래티지(stratege)란 일반적으로는 전략·책략·병법 등으로 번역되고 있기 때문에 아마 투자의 전략가를 가리키는 말일 것이다.

이 스트래티지스트는 경제의 거시분석이나 금융시장의 동향은 물론 산업동향분석 및 기업분석을 하는 애널리스트(Analyst)적인 소양을 갖추고 시장의 수급관계, 장세 움직임 및 패턴을 중시하는 기술적 접근방법(technical approach)에 대해서도 어느 정도의 지식을 갖추고 있는 것 같다. 일본의 경우 아마 투자자문회사나 투자신탁회사 등의 운용조사부장에 해당될 것이다. 이에 대해 실제로 자금운용을 하고 있는 펀드 매니저들은 전술가라고 해야 할 것 같다.

스트래티지스트는 이코노미스트나 애널리스트의 리포트를 분석하여 주식·채권·현금 등의 운용비율을 정하거나 또는 해외투자의 경우에는 미국·유럽·동남아시아 등에 대한 주식·채권의 투자비율을 조정하는데, 이것을 어세트 얼로케이션(asset allocation)이라 부른다. 이러한 국가별·금융상품별 구성을 포트폴리오 매니저라고도 불리우는 펀드 매니저가 직접 담당하는 경우도 있으나 일반적으로는 스트래티지스트의 보고를 토대로 열리는 투자전략회의의 결론과 요지에 따라 투자기금이 운용된다. 따라서 거액의 자금을 운용하는 데 있어서는 스트래티지스트의 의견이 상당한 결정권을 갖고 있고, 그 판단에 따라 운용성적이 크게 좌우된다.

보편적인 장세국면 추이

이 운용전략 결정에서 빼놓을 수 없는 지표 중의 하나가 경기순환과 이에 연동하는 주식장세 국면추이〈그림 1-1〉이다. 이 책의 집필목적 가운데 하나도 금융장세, 실적장세, 역금융장세(逆金融場勢), 역실적장세(逆實績場勢)의 각 국면에서 금리, 기업실적, 주가가 화살표 방향으로 움직인다는 것을 이해시키는 데 있다. 일반투자가나 소규모의 재테크 운용자에게 고도의 운용전략은 그다지 필요하지 않을 것으로 생각하기 쉽다. 그러나 대세를 거슬러 투자를 하면 그만큼 리스크도 크다. 지금 어떤 종목에 투자하는 것이 좋은가를 생각하는 데도 역시 주식장세 4국면 정도의 전략을 알아두는 것

<그림 1 - 1> 주식시장의 국면추이

구 분	금 리	실 적	주 가
금융장세	↓	↘	↑
중간반락	→	→	→
실적장세	↗	↑	↗
역금융장세	↑	↗	↓
중간반등	→	→	→
역실적장세	↘	↓	↘

이 좋다. 이해할 수 없는 것 같은 움직임을 보이는 주식장세의 큰 흐름 속에서 몇 안 되는 보편성을 찾는다고 하면 그것은 경기순환과 주식장세 국면추이이기 때문이다.

3. 정보의 체크 리스트를 갖는다

판단하는 것은 투자자 자신

스트래티지스트의 경우는 이코노미스트에 의한 경기·금융시장 동향 등의 리포트를 참고로 주식시장의 이후 움직임을 예측하거나 애널리스트의 업종별·개별 기업별 수익동향을 참고로 하여 주식편입 비율, 포트폴리오에 편입된 업종별 밸런스 등을 체크하여 펀드 매니저에게 어드바이스 한다. 그러나 일반투자가의 경우 이러한 데이터의 수집·예측·판단을 스스로 하지 않으면 안 된다. 물론 예측이나 판단에 가까운 정보는 외부자료를 입수하여 그대로 활용하면 된다. 최근 재테크에 관한 정보는 여기저기에 넘쳐 흐르고 있다. 증권회사의 객장에 가면 컴퓨터 단말기에서 경제정보, 채권시세 및 금리, 개별 기업의 수익동향 및 주가 그래프를 수시로 얻을 수 있다.

그 뒤는 이렇게 얻은 정보에서 결론을 내려 행동으로 옮기기만 하면 되는 것이다. 현재는 이러한 판단하거나 결론을 내리는 데 필요한 정보를 쉽게 얻을 수 있다. 그러나 과연 이러한 정보가 옳은가 틀리는가를 판단하는 것은 투자자 자신의 정보분석력과 책임에 속한다. 이 결론이나 판단을 내리기까지의 과정을 체크하기 위해서는 어느 정도의 공부가 필요하다. 만약 그렇지 않으면 『손님에게만 알려주는 것입니다』라는 정보에 솔깃하여 큰 고통을 감수해야 할지도 모르기 때문이다.

추천종목을 맹목적으로 받아들이지 말라

예를 들어 당신이 주식투자설명회에 간다고 하자.

단상에서는 강사가 열변을 토하고 있다. 미국 경제, 금융시장 동향, 환율과 채권시장의 움직임 등을 먼저 해설한 후, 드디어 일본의 경기동향 설명에 들어가 『현재 물가가 상승기미를 보여 인플레이션 억제를 위해 재할인율이 인상되었습니다. 그러나 경기는 여전히 확대기조에 있고, 기업수익도 비제조업과 제조업에서는 소재산업이 다소 부진을 보이고는 있으나, 가공산업의 대폭적인 수익증대에 힘입어 두 자리 숫자의 이익증가가 예상됩니다.』라고 말한 후『따라서 앞으로도 닛케이 평균주가는 상승을 계속할 것으로 보입니다. 그러면 이후 유망종목을 말씀드리자면…』이라고 개별종목으로 화제를 옮긴다. 그러자 앞자리에 앉아서 꾸벅꾸벅 졸고 있던 투자자는 돌연 눈을 부릅뜨고 메모 용지를 꺼내 강사의 말에 귀를 기울인다.

강사는 유망종목으로서『앞으로도 철강주나 화학주 · 제지주는 상승세를 계속할 것이며, 지금 휴면중인 금융관련주 및 전력·가스 등의 공공관련주도 매입할 찬스입니다.』라고 결론을 맺는다. 앞에서 말한 투자자는 이 말이 끝나기가 무섭게 메모 용지와 기념품을 손에 쥐고 재빨리 설명회장을 빠져나온다.

이것은 일반투자가 상대의 주식투자 설명회 등에서 자주 볼 수 있는 광경이다. 물론 앞에서와 같은 투자가를 비난할 생각은 추호도 없다. 어떤 의미에서 이러한 투자가는 현명한 투자가라고 할 수 있을지도 모른다. 이 꾸벅꾸벅씨의 정보의 초점은 항상 좁혀져 있기 때문이다.

미국의 경기나 일본 경제의 동향을 들어도 그것이 돈벌이와 직결되는 것이 아니다라고 인식하고 있기 때문에 결론인 무엇을 사면 좋은가만을 참고로 하면 되는 것이다.

그러나 유감스럽게도 이것으로는 결론이 옳은지 그른지를 체크할 수 없다. 따라서 졸음을 참고 강사의 논리전개에 무리가 있는지 없는지를 체크하지 않으면 안 되는 것이다.

정보에 무리는 없는지

그러면 이러한 강사의 경제전망 및 기업수익 예상에서 도출된 투자종목에 문제가 있는지 없는지에 대해 생각해보기로 하자.

우선 경기는 여전히 최고조, 그러나 물가상승 압력으로 일본은행이 인플레이션을 우려하여 재할인율을 인상했다고 말했다. 따라서 금리는 오름세로 돌아서기 시작했다는 것이 된다. 그럼에도 불구하고 금리하락 국면에서 많은 혜택을 입는 은행·증권주를 금리가 상승국면에 접어든 현 단계에서 추천하는 것은 이상하다. 비제조업은 이번 시기부터 마이너스를 나타내기 시작했다고 해놓고, 비제조업에 속하는 전력과 가스주를 추천하는 것도 무리가 있다.

게다가 수익이 천장을 쳤다고 하는 소재산업인 철강주나 화학·제지주 등은 오히려 이제부터는 팔 시점이다. 또한 금리가 이미 상승하기 시작했음에도 외부 차입금이 많은, 즉 자기자본 비율이 낮은 대형 철강 메이커와 종합화학 메이커는 이러한 국면에서 사야 할 종목이 아니다. 그룹별 주가동향에서 보더라도 경기가 과열기미를 보이고 금리가 상승하기 시작하면 대형 제가주는 포트폴리오에서 벌써 제외했거나 또는 이 단계에서는 매입해서는 안 된다고 우선 이상과 같은 체크를 하면 이 강사의 종목선정은 주식장세의 국면추이에서 보아 그 기본적 논리에 결함이 있다고 판단된다.

물론 어떤 일에도 예외는 있다. 어떤 업종이 전체적으로는 부진을 보이더라도 특별한 재료, 예를 들면 매집 등의 정보로 개별기업이 상승하는 일은 얼마든지 있을 수 있다. 그러나 이러한 경우에도 상당히 신뢰할 수 있는 정보가 아닌 이상은 대세를 거슬러가며까지 매입할 필요는 없는 것이다.

이와 같이 추천받은 종목 정보에 무리는 없는지, 즉 대세를 따르고 있는지의 여부를 체크하기 위해서도 주식장세 4국면을 가정상비약 통 안에 넣어두고 언제든지 이용할 수 있도록 해둘 필요가 있는 것이다.

제 2 장
•
경기순환과 주식시장

『일반적으로 통용되고 있는 생각은 시장은 항상
옳고 전망이 불투명하더라도 장세는 장래의 동향을
정확히 반영하고 있다는 견해이다. 나는 이것과 정
반대의 생각에서 출발한다. 장래에 대한 편향(偏
向)된 전망을 반영하고 있다는 의미에서 「장세는
항상 틀린다」라고 나는 생각한다.』

—《장세의 마음을 읽는다》(조지 소로스 저)에서

1. 경기의 순환

주식장세와 연동하는 경기순환

자본주의 경제는 추세적으로는 성장을 지향하면서 끊임없는 경기의 상승과 하락이라는 순환적 변동을 반복하고 있다. 이것은 투자의 변동을 중심으로 생산·고용·가격의 변동이라는 형태로 나타난다. 그 변동은 일단 한 방향으로 탄력이 붙어 움직이기 시작하면 같은 방향으로 누적적으로 발전하여 어느 점에 도달하면 기동력이 떨어져 마침내 반대방향으로 역전하는 경향을 갖고 있다. 이 경기순환론에 대해서는 번즈, 미첼, 슘페터의 이론이 있는데 여기서는 그 차이점에 대해 언급하는 것은 생략한다. 어쨌든 경기는 「회복기」에서 「활황기」라는 호황국면이 있고, 이어서 그것이 한계에 달하면「후퇴기」에 들어가고 이윽고 「침체기」, 즉 불황국면에 들어간다고 하는 4개의 국면을 갖고 있다.

이 경기순환 파동은 기간으로 분류된다. 다만 주식장세 국면에서 보면 콘드라티에프(Nikolai D. Kondratiev) 파동이라 불리는 평균 54~60년 주기의 초장기(超長期) 경기순환은 별로 관계가 없다. 이 점에서는 설비투자순환이라고도 불리는 10년 주기의 주글러 사이클이 가장 주식장세 장기순환 사이클에 적용하기 쉽다. 이 주글러 사이클(Juglar Cycle) 이외에 재고투자순환이라 불리는 약 40개월 주기의 키친 사이클(Kitchin Cycle)이 있는데 이것은 주식장세 중기순환 사이클과 거의 일치한다.

　이러한 경기의 중기순환과 단기순환파동이 일치하여 상승국면으로 향하거나 하강국면에 들어가는 경우에는 기록적인 경기확대가 지속되거나 불황이 심각하게 된다. 반대로 재고투자순환이 하강단계에 들어가더라도 설비투자순환이 아직 상승하고 있는 국면에서는 경기침체는 비교적 짧고, 또한 경미하게 끝나게 된다. 따라서 중·장기적으로 경기순환과의 연동성이 높은 주식장세 순환 사이클을 분석하기 위해서는 경기동향분석도 빠뜨릴 수 없는 요소이다.

　그러나 국제화가 진전된 현재 단순히 국내의 수급요인만으로 경기동향을 추정하는 것은 극히 곤란해졌다. 세계경제 및 미국의 경기동향 에너지자원을 중심으로 한 국제상품시황 동향, 크게 흔들리는 환율시세, 누적 채무국과 국제금융시장 움직임, 국제군사문제에서는 미소(美蘇)의 긴장완화, 미일(美日) 경제마찰 등 국제사회문제 및 외교교섭문제 등도 경기에 적지 않은 영향을 미친다.

주식장세는 경기변동에 선행

　그러면 이러한 국내외의 경기변동 요인을 끊임없이 체크하지 않으면 주식장세 국면추이를 분석할 수 없는가 하면 대답은 노(NO)이다. 물론 이코노미스트와 같이 모든 것을 다 알고 있다면 그보다 더 좋은 일은 없겠지만, 주식장세 4국면을 이해하는 데에는 단지 경제가 전체적으로 정체기에 있는 것인지, 금리가 아직 하락국면에 있는 것인지와 같은 대강의 판단을 내릴 수만 있으면 된다. 왜냐 하면 왕왕 주식장세쪽이 경기변동에 선행하기 때문이다. 이것은 주요 선진국이 디퓨전 인덱스(Diffusion Index)라 불리는 경기동향을 조사하는 지수중의 선행계열에 주가지수를 사용하고 있는 점에서도 이를 엿볼 수 있다.

2. 주식장세의 순환

경기와의 시간차에 주목

경기순환은 「회복기」에서 「활황기」로 상승을 계속하지만, 그것이 정점에 도달하면 「후퇴기」를 거쳐 「침체기」에 들어간다는 4개의 국면을 갖고 있는데, 주식장세도 4개 국면으로 나눌 수가 있다.

그것은 우선 금융완화를 배경으로 불경기하의 주가상승이라 불리는 「금융장세」로 상승장세(강세장세)가 스타트 한다. 이윽고 경기가 회복세를 보이면 「실적장세」가 전개되는데 경기가 과열되어 인플레이션이 우려되는 전후에 주가가 정점에 가까워지면 금융긴축정책에 의해 주가가 큰 폭으로 하락하는 「역금융장세」라 불리는 하락장

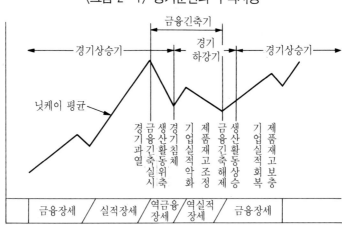

〈그림 2-1〉 경기순환과 주식시장

세(약세장세)가 시작된다.

긴축정책에 의해 경기가 후퇴하고 기업수익이 마이너스로 돌아서면 주식장세는 드디어 주가가 바닥권인「역실적장세」로 돌입한다. 이러한 경기순환과 주식장세 국면추이와의 관계를 나타낸 것이 〈그림 2-1〉이다. 이 그림에서 볼 수 있듯이 경기순환과 주식장세 4국면은 거의 일치하는 움직임을 보이고는 있으나 시간차가 있다는 것을 알 수 있다.

경기침체기에 바닥진입과 반등

즉 닛케이 평균주가가 바닥을 치고 오름세로 돌아서는 것은 금융긴축이 해제되고 나서이다. 그러나 이 국면에서는 아직 경기는 침체기에 있고, 세상은 온통 불경기에 관한 이야기뿐이다. 기업도산이 크게 늘어나고 합리화와 감원선풍이 불고 있으며 기업수익은 악화일로에 있다. 그러나 인플레이션도 진정되고 있기 때문에 정책당국에 의해 공공투자 확대와 아울러 재할인율(再割引率)의 인하 등과 같은 금융완화정책이 실시되고 주가가 이것을 호재로 받아들여 반등하기 시작한다. 따라서 생산활동이 다시 활발해지고 경기가 회복되기까지에는 아직 상당한 시간을 요함에도 불구하고 주식시장은 경기회복 기대감으로「금융장세」라 불리는 강세장세를 선행시키게 되는 것이다.

이러한 경기변동과 주식장세의 시간차는 경기의 활황기에도 나타난다. 즉 기업실적이 큰 폭의 증가를 계속하고, 활발한 최종수요로 인해 제품의 재고가 달리고 왕성한 개인소비와 민간설비투자의 신장에 힘입어 경기는 최고조로 보인다. 그러나 반대로 수입이 급증하여 엔화도 완만하지만 지속적인 하락세를 보이고 이것을 반영하여 물가는 상승세로 돌아선다. 인플레이션을 우려한 정책당국이 금융긴축정책을 취할 기미를 보이면 먼저 채권시세가 천장을 치고, 주식시세도 뒤따라 흔들리기 시작한다. 이윽고 재할인율이 연속적으로 인상되고 최절정기의 주식장세는 「역금융장세(逆金融場勢)」라 불리는 약세장세로 전환되어 간다.

주식장세의 큰 흐름 전환을 읽는 데 중요한 것은 경기순환 흐름을 포착하는 것도 중요하지만 닛케이 평균주가가 바닥권에서 반전(反轉)하여 강세장세로 돌아서는 것은 불경기의 한가운데이고 주식장세가 천장을 시현하는 것도 활황기가 최절정에 달한 때라는 것을 잘 인식해둘 필요가 있다.

3. 주가와 실적, 주가와 금리

주가는 기업수익에 의존

주식의 투자가치는 ① 경영참가 또는 매수를 목적으로 한 지배증권(支配證券) ② 배당·기타 이익분배를 목적으로 한 이윤증권(利潤證券) ③ 재산분배 또는 해산가치를 목적으로 하는 물적증권(物的證券)이라는 3가지 목적에 따라 각각 가치의 평가가 달라진다. 그러나 일반적으로는 ②의 이윤증권을 목적으로 투자된다. 따라서 단기적으로는 물론 중장기적으로도 주가동향은 기업수익동향에 의존하고 있고 실제의 주가는 수익동향을 예상하면서 형성된다고 할 수 있다.

다만 기업의 이익이 배당금으로 투자가에게 분배된다고 하더라도, 1주당 배당금을 주가로 나눈 것으로 표시하는 주식배당수익률(株式配當收益率)은 너무낮다. 그래서 주가를 1주당 이익으로 나눈 PER(주가수익률)이 일반적인 척도로서 이용되고 있다. 이 PER도 국제비교를 하면 일본의 경우 평균 PER이 너무 높아 다른 나라에 비해 상대적으로 주가가 너무 높아져 버린다. 그래서 주가를 1주당 순자산으로 나눈 PBR(株價純資産倍率)이 보조적인 지표로 사용되고 있으나 이것도 배율이 너무 높다. 이에 따라 주식을 물적증권으로 보고 기업의 소유자산을 싯가로 평가하여 그 합계액으로 싯가 총액을 나눈 큐 레이쇼(Q ratio)라는 주가척도에 화제가 집중되기도 했다.

여기서는 일본의 주가가 상대적으로 높은지의 여부를 논할 생각은 없다. 그러나 어떠한 투자척도를 사용하든지 간에 최종적으로는 기업의 소유자산은 주주에게 귀속되는 것이고, 기업의 이익동향과 주가의 연동성이 높다는 사실만은 변함이 없다.

금리동향과는 역상관관계

한편 금리와 주가의 관계는 전통적인 이론에 의하면 주가는 배당금과 일반 이자율의 비교에 의해 얻어진 자본환원가격으로 형성된다고 되어 있다. 이 이론에 따르면 이자율, 즉 금리변동은 주가변동에 직접적으로 작용하는 것이 된다. 다만 실제로는 배당률이 너무 낮기 때문에 금리를 배당의 자본환원을 위해 이용하는 일은 거의 없다. 오히려 금리수준은 일드 스프레드〈yield spread ; 장기채 지수에서 닛케이 평균 수익주가비율(PER의 逆數)을 뺀 것〉 등, 장세의 과열

정도를 측정하는 지표로서 사용되는 예가 많다. 또 수급동향을 판단하는 지표로도 이용된다. 따라서 금리변화와 주식배당 수익률과의 관계도 그렇지만 재할인율이 인하되면 시중금리의 완화가 촉진되고 그것이 주식수급에 좋은 영향을 미치기 때문에 금리하락은 주식시장에서 호재가 되며, 반대로 금리상승은 악재로 작용한다고 되어 있다.

다소 이야기가 복잡하게 되었는데, 요컨대 기업수익이든 금리동향이든 그 수준이나 투자가치의 문제보다도 그 방향성이 주식장세 동향을 예측하는 데 더 중요한 것이다.

실제의 주가와 수익과의 관계는 수익이 변화하여 주가가 변화한다고 하는 것보다도 그 수익의 변화를 주가가 미리 반영해간다고 하는 편이 더 적절한 표현일 것이다. 즉 양자는 시간차를 가지면서도 연동하고 있는 것이다. 금리와 기업수익의 동향을 보면 이것은 확실히 금리가 선행하고 있다. 이 결과 주가와 금리의 변화는 거의 동시에 역상관(逆相關) 관계를 나타낸다고 할 수 있을 것이다.

4. 좁아지는 경기순환의 낙차

정보화가 경기를 컨트롤한다

계절감이 엷어지고 있다. 세상이 너무도 편리해져 토마토·가지·오이 등이 연중 식탁을 장식하고 에어컨 덕택으로 여름도 시원하게 보낼 수 있게 되었다. 그 때문인지 겨울에도 맥주나 아이스크림의 매출이 옛날처럼 크게 떨어지는 것 같지 않다. 또한 냉동배달편

의 발달로 일본 각지는 물론, 전세계의 진미 특산품을 연중 즐길 수
있게 되었다.

경기에도 같은 현상이 발생하고 있다. 정보화사회와 지구촌시대에
는 경기순환도 과거와 같은 호·불황의 큰 격차가 발생하기 어렵게
되어 있다. 특히 컴퓨터 이용의 증가에 따라 재고관리 컨트롤이 두
드러지고 있다. 최종수요, 즉 말단 판매점의 판매동향을 즉시 알 수
있게 되어 이 정보에 따라 생산이 컨트롤되고 원료구입이 이루어지
기 때문에 쓸네없는 재고를 가질 필요가 없게 되었다. 원료나 제품
의 집배 센터도 완전 무인화된 자동창고에 의해 입고와 출고가 소질
되고 있다. 물론 소비자 수요에 관한 정보도 끊임없이 분석되고 있
어 무계획적인 생산도 없어지게 되었다. 오일 쇼크를 계기로 과잉재
고의 원흉이었던 시장점유율 확대 일변도의 생산설비 투자경쟁도 완
전히 자취를 감추고 말았다. 그 사이에 일본 기업은 열심히 합리화
투자와 연구개발투자를 해 왔고 동시에 CCN(Computer Com-
munication Network) 조성에도 힘을 기울여 왔다.

한편 미국은 황금의 50년대가 지나고 나서는 베트남 전쟁에서의
피폐가 영향을 미쳤는지 필사의 경영노력을 계속해 온 일본 기업과
는 대조적으로 기업 합병·매수(M&A)에 힘을 기울였다. 즉 새로운
사업을 자기 스스로 일으키거나 사업의 재건(Restructuring)에 시간
과 힘을 기울이기보다는 돈과 시간이 적게 드는 방법을 택하고 있
다.

여기서는 그 결과나 전망에 대해 이야기할 생각은 없다. 어쨌든
정보화사회 속에서 국제협조가 진전되어 점점 더 경기변동의 낙차
(落差)가 조절되어감에 따라 미국 경제는 1982년 11월 이래 평화시

로는 최장기의 경기확대를 기록하고 있고, 일본 경제도 1986년 11월 이래 1960년대 후반의 「이자나기」 경기에 버금가는 호경기가 지속되고 있다.

그래도 장세는 변한다

경기순환과 주식장세의 연동성은 높다. 그렇다고 하면 최근의 장기에 걸친 경기확대는 주식장세에 있어서도 오로지 길고 긴 실적장세가 계속된다는 것을 의미한다. 즉 주식장세의 시황국면 추이를 예측하기 어렵게 하는 것은 아닌지, 바꾸어 말하면 주식장세가 「계절감」을 상실하는 것은 아닌가 하는 견해도 생길 수 있다. 그러나 세상은 그렇게 단순치 않아서 과거에 볼 수 있었던 그러한 극적인 변화는 없을지 모르나, 역시 2~3년 단위로 시황국면은 변하고 그에 맞춰 주식시장을 리드하는 업종 및 그룹도 크게 변화하고 있다. 이것은 어쩌면 이 세상이 너무 편리하게 되어, 음식물의 계절감을 잃어가고 있는 요즘에도 역시 제철에 나는 것이 맛도 좋고 가격도 싼 것과 비슷하다. 『주식장세의 4계』인 금융장세·실적장세·역금융장세·역실적장세의 각각의 국면에 맞는 투자종목을 고른다면 리스크가 적으면서 투자효과도 높을 것이다.

제 3 장

•

강세장세

『강세장세는 비관 속에서 태어나, 회의(懷疑) 속에서 자라고 낙관 속에서 성숙하여, 행복감 속에서 사라져간다. 』

—월 스트리트의 격언에서

1. 금융장세의 특징

불경기 속에서 장세가 반발

『불경기하의 주가상승』이라는 주가의 선행성(先行性)을 표현하는
이 말은 음미할수록 묘미가 있다.

주가는 금리가 내리든가 기업수익이 늘어나면 상승한다고 되어 있
으나, 실제로는 금리가 계속적으로 내리고 있는 상황하에서는 경기
는 그다지 좋지 않다. 즉 물건이 잘 팔리지 않기 때문에 장사를 하
는 사람은 돈을 빌려 재고를 늘리려 하지 않을 것이며, 생산자도 돈
을 빌려서까지 설비를 증설하려 하지 않기 때문이다. 이렇게 되면
돈이 남아돌기 때문에 돈을 빌려 주는 은행은 금리를 내려서라도 안
전한 대출처를 찾아나서게 된다.

한편 은행은 대출금리를 내릴 정도이니까 당연히 예금금리도 인하
할 것이다. 오히려 어느 쪽인가 하면 대출금리를 내리는 것보다 먼
저 예금금리 쪽을 내리게 된다. 예금자들은 『물가가 안정되어 있기
때문에 금리가 내리더라도 실질적으로는 같다.』라는 정부 · 일본은
행 · 경제평론가들의 이야기를 액면 그대로 받아들이는 사람들만 있
는 것은 아니다. 역시 이자수입이 줄어드는 것은 왠지 쓸쓸하다. 조
금이라도 유리한 상품으로 옮겨 수입증가를 도모하려는 사람도 있을
것이다. 더 수익률이 높은 금융상품을 원하는 사람도 있을 것이고
『이렇게 이자가 낮다면 차라리 주식이라도 사보자.』라고 생각하는
사람도 있을 것이다. 물론 이 단계에서의 기업수익은 여전히 마이너

스가 예상되고 있고 주가도 계속하여 내리고 있다. 과거의 주가수준과 비교해보아도 낮은 수준에 있다는 것을 알 수 있다.

은행 이외의 다른 금융기관, 농수축협(農水畜協)계통의 금융기관과 생명보험회사도 대출이 늘지 않고 대출이자도 내리기만 하기 때문에 우선 채권매입을 늘린다. 이 채권 수익률도 곧이어 내리기 시작하면 원래 주가가 오르면 팔고 내리면 산다는 「역행(逆行)」적인 투자자세를 가진 보수적인 금융기관에서는 좋은 매입국면이 되는 것이다. 그리고 주가의 상승 · 하락에 관게 없이 매년 일정액의 주식을 사는 연금기금 등은 주가가 내리면 그만큼 더 많은 주식을 매입할 수 있게 된다. 이와 같이 장기투자를 목적으로 하는 기관투자가 입장에서 보면 매입적기가 되기 때문에 서서히 자금을 주식시장으로 돌리게 되는 것이다.

이렇게 해서 불경기로 실업자가 늘었다든가, 중소기업은 물론 대기업의 도산이 화제가 되고 상장기업의 배당감소 및 적자전환 발표가 계속되고 있음에도 불구하고 하락세를 지속하고 있던 주식시장이 갑자기 바닥을 친 것처럼 반등하기 시작한다.

경기대책으로 단숨에 반등

그러나 이 단계에서는 아직 주가상승 정도가 미미하고 물가도 전년 동월대비 마이너스를 보이는 등 불황의 정도가 심하기 때문에, 정책당국자는 금융 · 재정 양면에서의 경기대책을 발동하기 시작한다. 예를 들면 재할인율을 큰 폭으로 내리는 등 금융완화대책을 한층 적극적으로 추진한다. 그러나 아무리 금리를 내리더라도 일이 없으면 기업의 고용증가로 이어지지 못한다. 그래서 정부는 예산을 증액하여 주택투자를 크게 늘리고 다리·도로건설 등의 공공투자를 확대시킨다.

이것으로 바닥진입양상을 보이던 주식시장은 단숨에 오름세로 돌아서 활황을 보이기 시작한다. 그러나 현실의 경제환경은 통계적으로 보아도 아직 밝은 지표는 보이지 않고 게다가 기업수익도 감소가 예상된다. 따라서 이 시점에서 주가의 이상(異常) 반등을 보고 보유주식을 파는 사람도 상당수 있고, 그 중에는 이 장세는 얼마 안가 환경의 악화에 의해 크게 하락한다고 보고 선물시장(先物市場) 등을 이용하여 주가가 내린 시점에서 되사는 것을 전제로 한 매도에 나서게 된다. 그러나 주식이 계속하여 상승하면 이들마저 당황하여 매입에 나서게 되어, 주가를 더욱 상승시키게 된다. 『불황기하의 주가상승』이란 바로 이러한 상황을 표현하는 말일 것이다.

2. 테크니컬 지표로 본 금융장세

거래량이 늘고 등락주 비율도 상승

금융장세에서 볼 수 있는 기술적인 시장분석면에서의 특징은 우선 시장거래량에서 현저하게 나타난다. 시장분석가 사이에서는 『거래량은 주가에 선행한다.』라고 하여 거래량 동향을 중시하고 있다. 우선 동증 1부시장(東證1部市場)의 거래량이 닛케이 평균주가의 상승과 연동하여 급증하기 시작한다. 이것을 주간 및 월간 거래량으로 파악하면 그것이 한층 더 선명해진다. 즉 주식장세가 금융장세에 들어가기 전과 비교하면 닛케이 평균주가가 하락하는 날에도 거래량 수준

이 높아지고 동증 1부시장의 30일간 거래량을 합계하여 이동평균화
한 지수는 과거 6개월간의 수준을 크게 웃돌기 시작한다.

이와 동시에 동증 1부시장의 매일 상승종목수와 하락종목수의 누적
차수를 표시하는 등락주 비율도 닛케이 평균주가의 상승과 연동하여 큰
폭의 상승으로 돌아선다. 이 등락주 비율은 시장으로의 신규자금의 유
입을 표시하는 것인 만큼 등락주 비율의 상승은 거래량 증가와 함께 테
크니컬 애널리스트의 장세전망을 낙관적으로 보게 한다.

한편 닛케이 평균주가의 장기이동 평균선, 예를 들면 200일 이동
평균선은 이 단계도 아직 하락하고 있는 케이스도 있으나 중·단기
이동 평균선, 예를 들면 30일선·100일선 등은 상승세로 돌아서있
고, 닛케이 평균주가 일일선은 계속하여 이동 평균선에서 윗쪽으로
크게 이격하여 경계신호를 나타낸다. 그러나 주식장세 시황국면이
약세장세에서 장기의 강세장세로 대전환하려고 하는 그러한 장면에
서는 오히려 비정상적일 정도의 과열신호야말로 장세전환 신호로서
중요시해야 한다. 원래 이동 평균선은 주가에 대해서는 후행성 지표
이다. 오히려 시장거래량 및 등락주 비율 동향을 중요시하고 주가
이동 평균선은 장세전환의 확인지표 정도로 생각해두는 것이 좋을
것이다.

3. 금융장세의 리드 업종

금리 민감주가 선봉장

금융장세는 어떤 의미에서는 『이상매입(理想買入)』이라고 할 수

〈그림 3-1〉 금융장세와 지표의 움직임

구 분	금 리	실 적	주 가
금융장세	↓	↘	↑
중간반락	→	→	→
실적장세	↗	↑	↗
역금융장세	↑	↗	↓
중간반등	→	→	→
역실적장세	↘	↓	↘

있을 것이다. 즉 경기회복과 기업실적이 좋아질 것을 기대하고 매입하는 장세이다.

『말하기는 쉬우나 실행하기는 어렵다.』라는 말이 있는데 〈그림 3-1〉에서 볼 수 있듯이 기업실적의 화살표가 아직 하락을 나타내고 있는 금융장세 국면에서 실제로 매입에 나서는 것은 상당히 어렵다. 주가는 어떤 면에서 『천장에 가까워지면 가까워질수록 싸게 보이고, 바닥에 가까워지면 가까워질수록 비싸게 보인다.』라고 한다. 주식투자란 싸게 사서 비싸게 파는 것이라는 정도는 누구나 다 알고 있음에도 불구하고 그것을 좀처럼 실행하지 못하고 왕왕 그 반대의 행동을 해버리고 만다. 이것은 기업실적이 점점 악화되어 적자나 결손이라도 나게 되면 주가가 아무리 낮더라도 자칫하면 도산할지 모른다는 공포감에 휩싸여 얼마라도 좋으니까 팔 수 있을 때 팔아버리자라는 심리가 작용하기 때문이다.

이러한 시황환경에 경기회복에 대한 임팩트를 주는 최대의 재료는 역시 금융·재정 양면에서의 경기부양책(景氣浮揚策)일 것이다. 특히 재할인율의 인하를 중심으로 한 금융정책은 단기금융시장은 물론 채권시장에서도 호재이다. 따라서 문자 그대로 금리민감주, 그중에서도 은행·증권 등의 금융관련주에서는 재할인율이 대폭 인하된 그 순간부터 자금조달 코스트가 하락함으로써 대출금의 마진폭이 확대되고 채권시장 및 주식시장 그리고 양선물시장(兩先物市場)에서의 거래량이 급증하여 수입 수수료도 증가한다는 메리트가 발생한다.

또한 장기국채를 중심으로 공사채 수익률이 몇 차례 인하되기 때문에 신규발행 채권이 인기리에 팔리는 것은 물론 이전부터 보유하고 있던 채권의 가격이 상승하여 평가익이 커진다. 즉 금리하락과 자금잉여는 금융기관에 플로(flow)인 기간이익은 물론 스톡(stock)인 미실현 평가익의 급증으로 이어져 2중, 3중의 플러스 재료가 된다. 즉 금융장세는 금융관련주 장세라고 해도 좋을 정도이다.

물론 카드회사나 리스회사 등도 우선은 조달금리 코스트가 내리는 메리트가 있고 손해보험회사의 주가도 동반 상승한다. 그러나 손해보험회사의 경우는 어느 쪽인가 하면 경기가 본격적으로 확대기에 접어들어 설비투자가 늘고 대형 트럭 및 고급 승용차의 판매가 호조를 보이는 등 손해보험 취급액이 크게 늘어나는 국면에서 실적이 호전된다. 그러나 실제로는 금융장세에서 금융관련주와 동반 상승한 탓인지 다음의 실적장세에서 특히 큰 폭으로 상승하는 그러한 케이스는 적다.

재정투융자 관련 공공주에도 인기

이 금융관련주와 함께 금융장세에서 인기를 모으는 것이 재정투융자 관련주이다.

금리를 조금 내리더라도 물건이 금방 잘 팔리는 것도 아니고 민간 기업도 생산을 늘리기는커녕 재고를 늘리는 것조차 망설인다. 그래서 정부가 민간기업을 대신하여 재정규모를 확대시킨다. 민간부문에 대해서 이자를 보전해주거나 저리융자를 해주기도 하고 제도를 바꾸어 민간활성화를 이용한 대형 프로젝트의 실시를 촉진하는 한편 공공지출을 확대시켜 주택투자 등 공공시설에 대한 투자를 늘린다. 이렇게 되면 역시 이것과 직접관계가 있는 업종 및 기업이 주식시장에서 인기를 모은다. 건설, 토목주, 도로·준설주, 교량 그리고 조립주택 메이커, 대형 부동산·주택회사 관련주 등에 잇따라 순환매가 일어난다. 특히 주택관련 기업의 경우는 주택금융의 대폭적인 금리인하가 개인주택의 신규 착공건수 증가로 이어진다.

다음으로 금리하락 국면에서 상승세를 보이는 것이 공공 서비스 관련주, 전력·가스·전철·항공·방송 등이다. 정부인가 사업이라는 특전이 있는 반면 국내요금에 대해서는 정부의 인가를 필요로 한다. 우선 이러한 그룹의 강점은 불황에 대한 저항력이 강하다는 것이다. 그 대신 호황시에 매출이 30%·50% 늘어나는 일도 거의 없다. 방송을 제외하면 대부분 호황기와 불황기의 차는 몇% 정도에 불과하고 불황기에도 무배당인 경우는 거의 없다. 물론 공공 서비스 기업이라 도산할 걱정도 없다. 자본규모면에서 대형주이고 주가수준에서는 저가주이기 때문에 불황기에 기관투자가가 가장 안심하고 투자하는 그룹이라 할 수 있다. 더욱이 실적면에서도 영업이익의 70~80%가 지급이자라고 하는 공공주에 있어 금리하락의 메리트는 대단히 크다.

불황 저항력이 있다는 점에서 빌딩임대회사 식품 및 약품 등의 업

종도 금융장세에서는 활약이 기대되는 그룹이다. 특히 제약은 원래
이익수준이 높고 신약개발이 재료가 되어 금융장세에서 예상 이상으
로 인기를 모아 사상최고치를 경신하는 경우가 많다.

4. 톱(TOP)종목부터 상투

큰 장세 후에는 안이하게 사지말라

이와 같이 금융장세란 약세장세의 말기로 경제환경이 사상 어두운
국면에서 전개되는 강세장세의 제1단계이다. 닛케이 평균주가 베이
스로 보면, 바닥을 확인하고 반등하고는 있지만 이 국면에서 계속하
여 하락하는 종목도 많다. 주가수준이 높은 고가중 소형주는 인기권
외에 놓여져 있고 주가 트렌드는 하강을 계속한다. 특히 공작기계나
하이테크 등의 설비투자 관련기업은 닛케이 평균주가와 역행하여 지
금의 저가를 한층 더 끌어내린다. 따라서 닛케이 평균주가가 바닥에
있다고 해서 아무것이나 사도 좋다는 것은 아니다. 역시 타이밍을
잘 생각하여 종목을 선별해야 할 것이다.

앞에서 말한 금융장세의 주역들을 재빨리 사는 것이 투자효율이
가장 좋지만 만일 사지 못한 경우에는 다음에 올 실적장세에 대비하
여 저가·대형 소재산업, 예를 들면 대형철강·종합화학·제지·시
멘트·비철금속주 등을 사야 할 것이다.

금융장세에서는 경제환경이 극히 악화되어 있기 때문에 어떤 업종
이든 재무구조가 좋은 톱 기업에 매수세가 몰린다. 금융장세에서 활
약하는 금융관련주, 재정투융자 관련주, 공공 서비스 관련주, 부동

산관련주, 제약주 중에서도 톱 기업에 인기가 집중된다. 이들 기업은 돈이 남아도는 주식시장의 수급 밸런스 면에서 보더라도 좋은 환경에 있는 데다가 에너지 등의 원재료의 가격이 안정되어 있고, 금리하락 메리트가 있기 때문에 타업종이 이익감소를 계속하는 이 시기에 큰 폭의 이익증가를 시현하여 사상 최고 이익을 경신한다. 당연히 주가도 그것을 반영해 간다.

이와 같이 금융장세에서 인기를 모아 활약한 업종, 특히 톱 클래스 종목은 온갖 호재를 주가에 반영하면서 2~3년 사이에 3~5배 가까이 상승하고, 그 후는 고가권에서 급등락을 반복하면서도 주가수준은 서서히 지속적으로 내림세를 나타내기 시작한다.

따라서 금융장세에서 큰 폭의 상승을 시현한 종목은 고가에서 20% 정도 내렸다고 해서 안이하게 매입에 나서는 것은 절대로 피해야 한다. 그것은 어쩌면 팔다 남은 철지난 농작물을 사는 것과 같은 것이다.

5. 실적장세의 특징

회의(懷疑) 속에서 출발

금융장세는 경기의 앞날에 대한 불안감이 여전히 남아있고 기업실적도 계속하여 이익감소가 예상되는 동트기 직전과 같은 어둠 속에서 출발한다. 그야말로 『강세장세는 비관 속에서 태어난다.』인 것이다. 통상 이러한 상태가 2년 가까이 계속된다.

이 사이에 폴리시 믹스(policy mix)라 불리는 금융·재정 양면에
서의 경기대책이 서서히 효과를 발휘하게 된다. 예를 들면 정부의
공공투자 확대에 의해 대규모 아파트 등의 건설이 늘어남과 동시에
주택금융의 금리도 인하되어 민간기업의 주택건설도 늘어난다. 이에
따라 개인주택의 증·개축도 활발해진다. 새 집을 갖게 되면 가구·
세간도 바꾸게 되고 대형 TV도 사고 그 동안 참아 왔던 중고차도 이
기회를 이용하여 새차로 바꾸는 등 내구소비재의 판매도 늘기 시작
한다.

금융완화로 이런 혜택을 100%로 받게 된 은행·증권회사 등은
지점망 확대에 나서게 되어 신축빌딩의 수요도 증가하기 시작한다.
전력회사도 경기대책에 협력한다고 하는 명목하에 설비투자를 앞당
겨 발주하기 시작한다. 물론 도로·교량·항만정비를 포함한 민관
(民官)공동의 대형프로젝트도 계획되어 착공이 조기에 이루어진
다.

이와 같이 공공수요가 늘기 시작하면 우선 목재·강재·시멘트
등의 시황이 바닥을 치고 반등한다. 그러나 이 단계에서는 아직 경
기가 회복되었다는 것을 피부로 느낄 수 있을 정도는 아니다.

상품시황의 회복도 아직 각양각색으로 좋아지기 시작한 것도 있으
나 아직 내리고 있는 것도 있어 기업은 재고증대에 신중한 태도를
버리지 않고 소재산업은 생산을 조금 늘리면 다시 시황이 나빠지는
것이 아닌가 하고 걱정하면서도 조업도를 서서히 높여나간다. 그러
나 주식시장에서는 이미 철강주를 중심으로 상품시황의 반등을 반영
하여 소재산업 관련종목은 수익이 아직 감소될 것이라는 예상에도
불구하고 주가수준을 끌어올리기 시작한다. 이렇게 해서 존 템플턴

식으로 말하면 『실적장세는 회의 속에서 자라기』 시작하는 것이다.

경기회복을 확인하고 현실매입

이 단계에 접어들면 국내경제 모든 지표 중 출하가 늘고 재고가 감소하기 시작하며 이어서 생산이 전년대비 플러스로 돌아서고 이윽고 GNP도 회복세를 나타낸다. 이쯤해서 겨우 정부나 민간조사기관들은 경기의 바닥진입을 확인하고 다음 해의 경기전망을 상향 수정하기 시작한다. 그러나 기업실적은 아직 이 단계에서는 회복하지 못하고 있다.

통상적으로는 생산활동이 상승하여 경기가 회복되고 기업실적의 회복이 확인되기까지에는 1년 전후의 시간차가 있다. 이것은 실적장세로의 이행을 확인하는 데 있어 중요한 포인트가 될 뿐만 아니라 종목을 선택하는 데도 대단히 중요한 참고가 된다. 즉 거시(巨視)의 경기바닥 확인은 금융장세가 종말에 가까워졌다는 것을 의미하고 주식장세 국면이 드디어 실적장세로 넘어갔다는 것을 확인시킨다.

실적장세의 스케일 크기는 당연히 경기의 확대기간과 기업수익의 증가폭과 지속기간에 의해 결정된다. 통상적으로는 강세장세 중에서도 가장 안정되어 있고 상승기간도 길다고 되어 있다. 다만 금융장세에 비하면 닛케이 평균 주가 등 주가지수의 상승률은 둔화된다.

이것은 금융장세가 바닥권에서의 반등국면으로 흡사 진공지대를 뛰어오르는 그러한 상태이기 때문에 주가가 단기간에 급등하는 성향이 강하고 상승률면에서도 가장 높기 때문이다.

게다가 금융장세가 「이상매입(理想買入)」인 데 비해 실적장세는 「현실매입(現實買入)」이다. 즉 경기회복의 확인, 이어서 기업실적

의 회복확인이라는 식으로 환경의 호전을 하나하나 확인하면서 순환
상승하기 때문에 실적의 뒷받침이라는 틀 속에서 상승하는 장세성격
을 갖고 있기 때문이다. 따라서 실적을 도외시하고 이상매입(理想
買入)에 나설 수는 없는 것이다.

기업실적에 힘입어 상승

금융장세는 경기회복과 금리하락이 멈춤으로써 종언을 고한다. 한
편 실적장세는 〈그림 3-2〉에 표시한 국면추이의 화살표에서도 알
수 있듯이 금리가 오름세로 돌아섰음에도 그 상승률을 웃도는 기업
실적의 대폭증가에 힘입어 상승세를 지속한다. 따라서 경기가 기록
적인 확대를 계속하면서도 물가가 비교적 안정되어 있고 금리 상승
률이 어느 정도의 수준에서 억제되고 있는 한 생명이 긴 실적장세가
전개된다.

〈그림 3-2〉 실적장세와 지표의 움직임

구 분	금 리	실 적	주 가
금융장세	↓	↘	↑
중간반락	→	→	→
실적장세	↗	↑	↗
역금융장세	↑	↗	↓
중간반등	→	→	→
역실적장세	↘	↓	↘

그러나 언젠가는 기업실적 상승률이 둔화되든가 금리 상승률이 한
단계 더 높아지면 실적장세도 파란장면을 맞이하고 마침내 약세장세
의 제1막인 역금융장세에게 바통을 넘겨주게 된다.

한편 실적장세는 그 배경이 되는 경기확대규모에 따라 주식시장에

48

서의 주도 그룹도 장세전반은 소재산업이, 장세후반에는 가공산업이 차지하게 된다.

즉 경기확대가 장기화하면 왕성한 최종수요에 힘입어 소재산업이 장래에 대한 자신감을 갖게 되어 대형 설비투자에 나선다. 여기서 산업용 기계를 비롯한 정밀공작기계, 로봇, 자동창고 등 공장자동화 (FA)관련, 공업계기(工業計器), 사무기기 등 가공도가 높은 설비투자 관련기업의 수주가 급증한다. 기업의 이익증가율을 보더라도 소재산업은 이익증가율이 둔화되는 반면 가공산업은 이익증가율이 소재산업의 이익증가율을 크게 웃돌기 시작한다.

물론 개인소비 관련 기업도 착실히 이익이 증가하는 호조를 지속한다. 이렇게 하여 비제조업의 일부를 제외하고 전산업이 순환적으로 상승하는 것이 실적장세의 최대 특징이다.

6. 전반과 후반에서 주역교대

소재산업에서 가공산업으로

실적장세란 문자 그대로 기업의 실적회복과 대폭적인 이익증가, 그리고 그 지속성을 사는 장세이다. 또한 이 실적장세는 금융장세에 비하면 통상적으로는 그 상승기간이 길다. 업종별 등락상황을 보면 전반과 후반의 주도업종이 갑자기 변화한다. 즉 전반에 장세를 리드하는 업종이 소재산업인 데 비해, 후반에 들면 설비투자관련 등의 가공산업이 주역이 되고 대상업종도 확대된다.

실적장세의 전반에서는 섬유·제지·화학·유리·시멘트·철강·

비철금속 등 소재산업이 주역으로서 주로 상승하지만 기계 · 전기 · 자동차 · 정밀기기 등의 가공산업이 전혀 상승하지 않는다는 것은 아니다.

오히려 개별적으로는 소재산업에 지지 않을 정도의 상승을 보이는 종목도 있다. 그러나 동증 1부시장의 거래량 상위 베스트 10에 가공산업 그룹이 얼굴을 내미는 그러한 일은 우선 생각할 수 없다.

그보다도 이 실적장세 전반국면에서 종목을 고를 경우에 가장 주의해야 할 것은 실적장세라고는 하지만, 재무구조가 좋은 우량주는 이 국면에서도 투자효율이 그다지 좋지 않다는 점이다.

우선 대형 · 저가주 그룹

오히려 경기변동의 영향을 받기 쉽고 경기가 나빠지면 곧바로 실적이 악화되는 업종, 미국에서 말하는 순환주가 투자효율이 높다. 이러한 업종의 대부분은 가공도가 낮은 소재산업이다. 기타 업종에서도 재무구조가 좋지 않고 기술면이나 판매력에서 떨어지는 동업계 3류기업이 이 국면에서는 가장 인기가 높다.

이러한 기업을 한편으로는 한계 공급적인 기업이라고 한다. 경기확대가 장기화하기 시작하면 신뢰성이 높은 업계의 톱 기업에 제품을 발주하더라도 주문폭주로 인하여 납기가 늦어진다. 그래서 이러한 때에는 신뢰성은 약간 떨어지더라도 납기를 맞출 수 있는 2~3류기업에서 제품을 사들이거나 발주하게 된다.

이것을 자본규모별로 보면 철강 · 화학 · 비철금속과 같은 대형주가 주류를 이루고 주가수준에서 보면 저가주 그룹이 대부분이다. 이 두 가지의 조건을 채우는 종목군은 대개 대량매매가 가능하다.

따라서 대량의 자금으로 주식을 매매하는 기관투자가에서는 유동성이 높다고 하는 점에서 대단히 매력이 있는 그룹이라 할 수 있다. 왜냐 하면 이 국면에서는 여전히 자금잉여 현상이 계속되고 있어 법인이나 금융기관의 여유자금이 주식시장으로 흘러들어오고 있기 때문이다.

그러나 한편으로 경기확대가 장기화하여 상품시황이 좋아지고, 소재산업의 실적전망이 과거 최고수준에 달하는 그러한 상황하에서는 당연히 물가는 서서히 상승하기 시작한다.

게다가 수그러들지 않은 강력한 최종 수요에 힘입어 당초 설비투자에 신중한 자세를 보이고 있던 소재산업도 생산증가로 이어지는 대형 설비투자에 나선다. 여기서 비로소 거액의 자금수요가 생겨나게 된다. 즉 물가상승에 더하여 금융시장도 약간 타이트한 상황이 전개된다. 게다가 무역수지도 내수의 강력함을 반영해서 수입이 급증하여 전체 흑자폭이 축소되든가 월간 베이스로 적자로 전환되기 시작한다.

이렇게 되면 엔화도 서서히 하락하지 않을 수 없다. 따라서 수입물가가 엔화 베이스로는 상승하게 된다. 이에 따라 인플레이션을 우려하는 일본은행이 예방적인 금융긴축정책을 취할 수 있는 환경이 거의 조성되게 된다.

고수익 중·소형주로 인기가 옮겨간다

금융장세에서 실적장세로의 전환기에는 경기회복의 확인을 계기로 전력·가스·은행·증권·부동산·건설 등의 톱 종목이 하락하고 철강·화학 등의 소재산업으로 바통을 넘겨주는 데 비해, 실적장세의 소재산업에서 가공산업, 또는 대형 저가주에서 중·소형 중·고 가주로의 바통 터치는 경기의 최고조, 물가상승, 인플레이션 우려에 따른 일본은행의 예방적인 긴축정책의 실시, 구체적으로는 최초의 재할인율 인상을 계기로 전개된다.

주식시장으로의 자금유입이 더 이상 늘지 않고 실적신장 둔화에 따라 대형 자본인 소재산업이 하락세로 돌아서는 것은 당연하다고 하더라도, 다른 업종에서도 대형주, 즉 발행주식수가 2억 주를 크게 웃돌고, 싯가총액이 동증 1부시장(東證1部市場)의 상위 50위 이내 에 들어가는 그러한 종목의 움직임이 둔화된다.

그 대신에 인기를 모으는 것이 성장성이 높은 중·소형 고수익종 목과 2부시장 및 장외시장 종목이다.

경기의 장기적인 확대는 투자가에게 성장주투자에 대한 확신을 깊 게 한다. 따라서 기업수익 전망도 변화율이 아닌 중기적인 성장성을 중시하는 것으로 바뀌어간다.

그리고 호황이 계속되어 개인소비가 여전히 왕성하기 때문에 무엇 인가 소비자에게 어필하는 히트 상품을 만들어내면 그 기업의 규모 가 작으면 작을수록 수익에 대한 기여도가 높기 때문에 대폭적인 무 상증자·배당증가 등 주주에 대한 우대조치가 기대된다.

이렇게 해서 실적장세는 이 호황국면이 영원히 지속될 것 같은 착 각에 취해 있는 사이에 클라이맥스를 맞이한다. 그것은 외부로부터 의 쇼크 재료에 의한 경우도 있으나 예방조치로는 수습할 수 없는 인플레이션을 억제하기 위한 강력한 긴축정책에 의한 경우가 가장 많다.

7. 테크니컬 지표로 본 실적장세

전반(前半)은 거래량이 대폭증가

주식시장의 기술적인 지표 변화에서 실적장세의 추이를 보면 우선 그 전반(前半)에서는 거래량의 기록적인 증가가 눈길을 끈다. 이것은 상승 업종이 소재산업을 중심으로 한 저가·대형주이고, 기관투자가의 활발한 매매에 의해 이것이 한층 증폭된다. 따라서 동증 1부시장의 1주당 매매단가의 월간 평균은 동증(東證) 모든 종목 단순평균을 밑돈다.

즉 이 단계에서는 투자가는 자신의 보유주식 단가가 낮을수록 가격상승의 찬스가 많다. 업종별 분류에서 보더라도 소재산업을 중심으로 30% 정도의 업종만이 상승하기 때문에 분산투자는 그다지 효율이 좋지 않다. 오히려 철강·화학·제지·비철금속·해운 등의 시황관련 종목에 집중투자하는 것이 투자효율이 높다. 이것을 반영하여 동증 1부시장의 거래량 상위 10종목의 시장전체 거래량에서 차지하는 비율이 계속하여 50%를 넘고 있다. 그것도 저가·대형 소재산업이 항상 차지하고 있다.

소재산업에 인기가 몰리는 실적장세의 전반에서 가공산업을 중심으로 기타 그룹에 매수세가 집중하는 후반 장세로의 전환은 기술적인 지표면에서도 금융장세에서 실적장세로 전환되는 것에 비하면 쉽게 포착하기가 힘들다.

이것은 리드하고 있던 소재산업이 동시에 천장을 치는 것이 아니라 수개월에 걸쳐 시간차를 두면서 서서히 하락하고 반대로 설비투자관련 등의 가공산업도 이미 전반(前半) 장세부터 서서히 주가수준을 높이고 있어 이 국면에서 급격히 상승하는 것이 아니기 때문이다.

그러나 예방적이라고는 하나 인플레이션 우려에 따른 일본은행의 금융긴축정책을 계기로 시장의 관심대상이 대형·저가주에서 중·소형 중·고가주로 바뀌는 것은 기술적인 지표로 빨리 포착할 수 있다.

1주당 매매단가에 주목

우선 동증 1부시장의 1주당 매매단가가 단숨에 상승하여 그 달의 월간 평균이 모든 종목 단순 평균주가를 상회하기 시작한다. 따라서 종래의 대형·저가주를 이쯤에서 재빨리 매각하고 보유주식을 중·소형의 중·고가주로 옮겨야 한다.

한편 동증 1부시장의 거래량 월간 평균은 급격히 떨어지지만, 2부시장 거래량은 오사카(大阪), 나고야(名古屋)를 포함하여 증가하기 시작한다. 그리고 이러한 추세가 2~3개월 계속되면 동증 1부시장의 연초 이래 신고가(新高價) 종목수는 닛케이 평균주가가 하락하는 날에도 지속적으로 증가하기 시작한다.

이 신고가 종목수가 급증하기 시작하면 그 업종종목을 분석하여 수익예상을 확인한 후 연초 이래의 고가에서 매입하는 경우에도 충분히 투자성과를 올릴 수 있다.

다만 이 시점에서 중·소형 중·고가주를 사는 경우 일단 유사시에 주식시장이 외부 쇼크로 큰 폭으로 하락하더라도 그 영향을 거의 받지 않는 종목을 골라야 하는데 그러한 점에서 재무구조는 물론 그 기업의 성장성을 충분히 체크하여야 할 것이다.

제 4 장

●

약세장세

『이번만은 다르다.』라는 말이야말로, 지금까지
투자가를 가장 손해보게 한 말이다.

—존 템플턴

1. 역금융장세의 특징

금융긴축이 계기

경제의 운영은 물가안정과 완전고용, 그리고 인플레이션 없는 경기확대를 목표로 하고 있다. 그러나 이러한 이상적인 상태를 장기간에 걸쳐 유지하기란 상당히 어렵다. 아니 오히려 무리한 주문이라 해야 할 것이다.

최근에는 소프트 랜딩(軟着陸)이라는 편리한 표현이 사용되고 있다. 이 미조정(微調整)으로 불황을 피하면서 인플레이션을 억제하려는 생각은 여러 가지 방법을 동원하면서 실제로 시행되고 있지만 어쨌든 경기후퇴와 기업수익의 감소를 피하기란 상당히 어렵다.

그러나 모든 국가의 정책담당자는 지금도 경제운용에 많은 비중을 두고, 어떻게 해서든 인플레이션을 억제하면서 경기확대를 도모하고, 국민생활을 더 풍요롭게 할 수 있을 것인지에 대해 부심하고 있다. 즉 경기순환 가운데 경기후퇴기를 얼마나 짧고 작게 할 것인가에 정책의 최우선 목표를 두고 있는 것이다.

따라서 경기의 활황기간에 비해 후퇴기간이 짧아지게 되고 경기동향과 연동성이 높은 주식장세도 상승기간에 비해 하강기간이 짧다고 보아야 할 것이다.

이와 같이 강세장세에 비해 규모가 작은 약세장세는 통상적으로 경기의 과열기, 즉 인플레이션이 표면화되기 시작한 시점에서 일본은행의 강력한 재할인율의 연속인상을 계기로 한 금융긴축정책에 의

해 초래된다. 문자 그대로「역금융장세」인 것이다. 실제로 1945년
부터의 닛케이 평균주가 베이스로 20% 이상의 하락과 조정기간 9
개월 이상의 약세장세는 거의가 재할인율의 대폭적인 인상을 중심으
로 한 금융긴축정책이 계기가 되고 있다〈표 4-1〉.

그러나 실제로 강세장세의 피날레는 각양각색이다. 그것은 흡사
톨스토이의 소설《안나 카레니나》의 책머리에 나오는『행복한 가정
은 모두 비슷하지만 불행한 가정은 그 불행의 모양이 각각 다르
다 』라는 것과 같다. 약세장세로 전환되는 계기도 그렇지만, 그 내
용도 강세장세인 금융장세에서 실적장세로 전환되는 패턴에 비해 복
잡한 코스를 밟는 경우가 대부분이다.

특히 도쿄시장은 과거의 예에서 볼 수 있듯이 외부로부터의 쇼크
재료가 계기가 되는 경우가 많다. 처음에는 금융긴축에 의해 하락하
기 시작하여 조정과정에서 오일 쇼크(역주: 최근에는 걸프전쟁)라는 악재를 만나
크게 무너진 것이 전형적인 케이스이다.

일반적으로 실적장세의 최종국면은 경기가 과열기미를 보이는 최
절정기, 물론 기업수익은 여전히 대폭적인 증가가 예상되고 또한 이
호황의 지속력을 많은 투자가가 확신하여 2~3년 앞의 이익증가분까
지 사버리는 그러한 국면이다.

소재산업은 전종목 약세로

이 장면에서는 실적장세 항목에서 말한 바와 같이, 상장종목의
70% 가까이가 순환적으로 상승하여 사상 최고치를 경신 중에 있
다. 따라서 가격상승 폭이 큰 고가주의 하락이 심하다. 그러나 금융
긴축정책이 실시되고 원래 금리가 상승기미를 보일 무렵에 재할인율

〈표 4-1〉 전후 닛케이 평균주가 10% 이상의 조정국면

닛케이 평균하락상황 (단위: 엔, 괄호안은 연월일)	하락률 (조정기간)	최고치 회복시 (바닥→경신기간)	배 경
176.89→ 85.25 (49.9.1) (50.7.6)	▼ 51.8% (약 10개월)	52년 1월 (약 1년 6개월)	- 다지라인의 침투 인플레이션 수습책, 금융긴축 - 주식관계세제 변경안
474.43→ 295.18 (53.2.4) (53.4.1)	▼ 37.8% (약 2개월)	52년 4월 (약 3년)	- 스탈린사망 - 한국전쟁 휴전기운 농후 - 금융 · 재정 긴축정책으로 전환
595.46→ 471.53 (57.5.4) (57.12.27)	▼ 20.8% (약 8개월)	58년 10월 (약 9년)	- 경기과열, 국제수지악화 → 장기불황
976.46→ 854.45 (59.11.30) (59.12.21)	▼ 12.5% (약 1개월)	60년 2월 (약 2년)	- 경기과열 예방책, 금융긴축
1,109.47→ 967.22 (60.5.7) (60.6.2)	▼ 12.8% (약 1개월)	60년 7월 (약 1년)	- 안보소동, 정국불안
1,829.74→1,020.49 (61.7.18) (65.7.12)	▼ 44.2% (약 4년)	68년 9월 (약 3년 3개월)	- 국제수지악화, 금융긴축, 경기침체→대기업 도산 - 케네디, 이자평형세 신설 제안 - 수급악화→주식투신 환금쇄도, 증자의 성행
2,534.45→1,929.64 (70.4.6) (70.5.27)	▼ 23.9% (약 2개월)	71년 6월 (약 1년 1개월)	- 뉴욕주가하락으로 세계적 폭락 - IOS 쇼크
2,740.98→2,162.82 (71.8.14) (71.8.24)	▼ 21.1% (약 10일)	72년 1월 (약 4개월)	- 닉슨 쇼크→엔화 변동환율제로 변경
5,359.74→ 3,355.13 (73.1.24) (74.10.9)	▼ 37.4% (약1년9개월)	78년 3월 (약 3년 6개월)	- 금융긴축(장기화) - 제1차 석유위기, 인플레이션, 불 황, 실물경제 악화 - 수급악화→외국인, 법인매각 세계 동시주가하락 - 경제노선의 전기
8,019.14→ 6,849.78 (81.8.17) (82.10.1)	▼ 14.6% (약1년1개월)	82년 12월 (약 2개월)	- 세계적 경기후퇴 - 마 고금리정책, 세계동시주가하락 - 엔화약세, 환율급변동 - 중동정세 긴박화
11,190.17→9,703.50 (84.5.4) (84.7.23)	▼ 13.3% (약 3개월)	84년 10월 (약 3개월)	- 중동정세 긴박화 - 미 대형은행 경영부진, 금융불안 - 외국인 매각급증
18,936.24→15,819.55 (86.8.20)(86.10.22)	▼ 16.5% (약 2개월)	87년 1월 (약 2개월)	- 3저현상 후퇴 외국인 매각급증
25,929.42→22.702.74 (87.6.17) (87.7.22)	▼ 12.4% (약 1개월)	87년 8월 (약 1개월)	- 3저현상 후퇴, 채권시장 급락 - 주식공급 압박우려
26,646.43→21,036.76 (87.10.14)(87.11.11)	▼ 21.1% (약 1개월)	88년 4월 (약 5개월)	- 미국 금리급상승 - 뉴욕 블랙먼 데이 폭락
38,915.87→29,843.34 (89.12.29)(90.3.22)	▼ 23.3%		- 역 3저현상으로 금융긴축 - 주식수급악화

주 : 90년 4월 말 현재

〈그림 4-1〉 역금융장세와 지표의 움직임

구 분	금 리	실 적	주 가
금융장세	↓	↘	↑
중간반락	→	→	→
실적장세	↗	↑	↗
역금융장세	↑	↗	↓
중간반등	→	→	→
역실적장세	↘	↓	↘

의 큰 폭 인상을 계기로 주가가 크게 하락하는 역금융장세에서는 이미 실적장세 전반(前半)에서 천정을 치고 그 후 보합권에 있던 소재산업 등 외부차입금이 많은 기업은 마찬가지로 차입금이 많은 전력주(電力株) 등과 함께 한단계 더 하락한다. 즉 거의 전종목 하락이다.

다만 이 국면에서는 아직 경기는 최고조에 있고 기업수익도 여전히 증가가 예상되고 있다〈그림 4-1〉. 따라서 주가가 큰 폭으로 하락하면 상대적으로 싸다는 느낌이 생겨난다. 특히 주가 급등으로 매입할 기회를 놓쳤던 투자가에게는 매입 찬스가 된다. 그러나 불가사의하게도 급락하고 있을 때에는 한없이 떨어질 것 같아 쳐다만 보고 있다가 일단 하락을 멈추고 반등하면 그 때서야 당황하여 사기 시작한다.

이렇게 해서 급락 후 3~4개월 이내에 최초의 고점(高點)에 도전할 것 같은 기세로 재상승하는 반등장세를 주식시장에서는 두 번째 천장이라 부르는데, 미국식으로는 더블 톱(double top)이라 한다. 이 두 번째 천장장세는 거래량이 적고 불과 몇 종목은 최고치를 경신하지만 닛케이 평균지수의 반등에 비해 그 때까지 시장을 주도해 온 주력종목은 반등률이 낮고 또한 거래량도 적다.

이 두 번째 천장의 출현으로 주식장세는 강세장세의 종말을 확인하게 된다. 물론, 긴축정책과 외부로부터의 악재가 겹쳐 폭락한 경우에는 이러한 두 번째 천장이 나타나지 않지만, 닛케이 평균 주가와는 달리 개별종목에서는 두 번째 천장을 시현하는 케이스가 많다.

이렇게 해서 존 템플턴이 말한 것처럼 강세장세는 모든 투자자의 『행복감 속에서 사라져가는』 것이다.

2. 역금융장세에 대한 대응

단기금융상품으로 전환

이것은 가을 해가 끈떨어진 두레박 떨어지듯 서산에 저무는 것과 비슷하다. 주식장세 4계에 비유하면 가을에 해당하는 역금융장세는 그것을 알아차렸을 때에는 이미 고점(高點)에서 큰 폭으로 하락한 뒤이다.

즉 『천장 3일, 바닥 100일』이라는 주식장세 격언에도 있는 것처럼 주가를 최고치에서 매각한다는 것이 얼마나 어려운 것인가를 새삼 느끼게 하는 국면이기도 하다. 따라서 예방적인 조치이기는 하나, 최초의 재할인율 인상이 시행된 시점에서 역금융장세에 대비하여 신규 주식투자를 보류하고 운용자금을 거의 현금에 가까운 단기금융상품으로 전환하는 것이 이상적이다. 만약 보유주식을 남긴다고 하면, 그것은 2~3년 이상 버틸 수 있는 초우량기업에 한해야 한

다. 왜냐 하면 역금융장세 다음에 찾아오는 역실적장세 국면에서 적
자, 배당감소·무배당기업이 속출하는 그러한 환경하에서도 안심하
고 장기 보유할 수 있어야 하기 때문이다.

한편 주식시세의 돌연한 폭락은 모두 금융긴축정책에 의해서만 일
어나는 것은 아니다. 해외로부터의 쇼크 재료, 예를 들면 스탈린 사
망, 케네디 대통령 암살, 가깝게는 중국 천안문(天安門)사건과 같
은 경우와 국제적 투자회사인 IOS(Investors Overseas Service)의
노산, 블랙 먼데이로 상징되는 주요 주식시장의 대폭락과 국내정변
등에 기인하는 경우도 있다.

그러나 이러한 쇼크 재료도 그것이 단독인 경우에는 과거의 예에
서도 볼 수 있듯이 큰 폭의 하락이 있었던 경우에도 대부분 6개월
이내에 닛케이 평균 최고치를 경신하고 있다. 따라서 이 쇼크 재료
에 놀라 보유주식을 팔거나 내리는 도중에 이를 사거나 또는 불안에
휩싸여 투매를 하지 말고 냉정하게 장세변화를 주시하는 것이 최선
이라는 결론이 된다.

원래 쇼크 재료란 예상하지 못했던 것이 갑자기 발생한 것이기 때
문에 쇼크가 큰 것으로「예상하지 못했던」것을 예상할 수는 없는
것이다. 이것은 대다수의 사람이 피할 수 없는 악재인 것이다.

쇼크 재료에 의한 주가하락은 매입찬스

그런데 왕왕 이 쇼크 재료와 긴축정책이 시간차를 두면서도 겹치
는 경우가 있는데 이 경우는 당연히 주가 하락폭도 크고 회복하는
데도 시간이 걸린다.

예를 들면 60년대의 악성 인플레이션, 강력한 긴축정책에 이은 케

네디 대통령의 이자평형세(利子平衡稅)신설과 같은 조치가 1965년 불황을 일으키고 증권시장의 장기불황을 초래하게 하였다. 다음이 70년대 초반 광란의 인플레이션을 억제하기 위한 연속 5회에 걸친 재할인율의 인상직후에 발생한 산유국(産油國)에 의한 원유가격의 대폭 인상을 기폭제로 한 오일 쇼크에 의한 세계동시 불황이다.

이러한 특별히 불운한 케이스를 제외하고 앞에서 말한 바와 같이 역금융장세의 경우는 예방적 조치라고는 하나 일본은행이 재할인율을 최초로 인상하거나 또는 그와 유사한 긴축정책을 시행한 시점에서 현금에 가까운 단기금융상품으로 운용자금을 전환하는 것이 최선의 수단이라 할 수 있다. 주식을 남기는 경우라도 어떠한 환경하에서도 문제가 없다고 생각되는 초우량기업에 한해야 한다.

단독 쇼크재료에 의한 하락의 경우에는 보유주식을 급락장면에서 당황하여 매각해서는 안 된다. 쇼크 직전까지 큰 폭의 상승세를 지속해 오며 시장주도 종목으로서 인기를 모아온 종목은 이러한 쇼크에 따른 하락국면에서도 비교적 하락폭이 작다. 물론 실적이 큰 폭의 증가세를 보일 것이라는 뒷받침이 있기 때문이다. 따라서 이 때는 이러한 종목을 사는 절호의 찬스라고 생각해야 할 것이다. 즉 주식장세 국면추이에 변화가 있느냐 없느냐가 가장 중요한 체크 포인트로 문제가 없다면 그 국면에서의 인기업종은 기회를 놓치지 말고 사는 것이 좋다.

3. 역금융장세에서의 역행 그룹

소형우량기업이 상승

실적장세의 전반(前半)에는 소재산업을 중심으로 주가가 낮고 자본금 규모가 대형인 종목이 장세를 주도한다. 그러나 후반에는 가공산업과 소비관련 고수익의 성장성이 높은 종목, 가격면에서는 중·고가주, 자본금 규모에서는 중·소형주가 광범위하게 인기를 모은다.

포트폴리오식으로 말하면 전반에는 종목을 가능한 한 수개 업종으로 좁히는 집중투자 쪽이 투자효율이 높고 후반에는 분산하는 쪽이 리스크 분산도 살릴 수 있어 투자효율이 좋다.

한편 역금융장세에서 주식시장의 외부환경은 금리가 급상승하여 다소 자금운용상의 여유가 없어졌다는 면을 제외하면 경기는 최고조 상태이다. 기업수익도 소재산업의 일부가 재고조정에 들어가고 이익 예상을 하향 수정하고 있다는 것과 건설·제조업 등에서 일손부족으로 수주에 어둠이 드리우는 면은 있으나 소비·레저·고급 내구소비재(자동차·전자제품 등) 관련기업은 여전히 큰 폭의 이익증가가 예상된다. 특히 히트 상품을 내놓은 중견기업 등은 예상을 훨씬 웃도는 이익증가를 기록한다.

이러한 움직임을 반영하여 닛케이 평균주가가 크게 반락(反落)하더라도 동증 대형주 지수(東證大型株指數)의 반등세가 둔한 데 비하면 소형주 지수는 일시적으로는 큰 폭으로 하락하지만 반발력도 크다.

경우에 따라서는 닛케이 평균주가가 앞에서의 고점을 경신하지 못함에도 불구하고 2부시장 주가지수와 소형주 지수 또는 장외시장 주가지수가 최고치를 경신하면서 활황세를 지속하는 케이스를 볼 수 있다.

이러한 소형 자본기업의 활황의 한 요인은 재무구조가 뛰어나고 성장력이 높은 기업이 금리상승에 의해 오히려 이자수입이 증가하는 것처럼 금융긴축상태에서도 강점을 발휘한다고 하는 이점을 갖고 있기 때문이다. 게다가 주식시장에 유입되는 자금이 적기 때문에 발행 주식수가 많고 싯가총액이 큰 종목을 밀어올리는 힘이 약화되고 있다는 점도 간과할 수 없을 것이다.

따라서 적은 투입자금으로 주가가 상승하기 쉬운 것은 중·소형주라는 것이 된다. 발행주식수가 적고 싯가총액이 작은 기업일수록 매집(買集)이나 기업매수의 대상이 되기도 쉽다. 약세장세 속에서 재료주로서 인기를 모으기 쉬운 것도 소형주의 특징이다.

한편 호황의 파도를 타고 신규 공개기업도 잇따라 등장한다. 이것이 장외주식시장을 한층 활성화시킨다. 2부시장의 유사한 종목이 이와 관련하여 동반 상승하는 일도 있다. 이러한 장외주식시장의 활황은 큰 불황이 오지 않는 한 지속력이 강하다. 이전에 뉴욕시장이 장기간 조정국면에 있을 때에도 나스다크(미국 장외시장)는 활황을 지속하고 있었다.

4. 테크니컬 지표로 본 역금융장세

신고가(新高價) 종목수가 급감

역금융장세는 강세장세에서 약세장세로의 전환점이기도 하다. 따라서 유감스럽게도 주가의 큰 폭의 급락에 의해 확인된다. 즉 이를 알아차렸을 때는 역시 그 시점이 대천장(大天障)이었구나라는 식이다. 물론 업종별 혹은 개별 종목별로는 이미 금융장세나 실적장세 전반에서 최고치를 시현한 후 서서히 하락세를 보이고 있고 역금융장세에서 또다시 큰 폭의 하락세를 나타낸다.

예를 들면 소재산업과 금융·증권 등 금리 민감주, 전력·가스 등의 톱 기업은 이미 하락하고 있고, 마쓰시타(松下)전기나 도요타(豊田)자동차, 히타치(日立)제작소와 같은 블루 칩(blue chip ; 초우량종목)도 역금융장세 직전까지 상승하는 경우는 적다.

오히려 중·소형의 고수익기업 혹은 작전이 걸린 M & A 등의 재료주가 광범위하게 상승하고 있다. 따라서 일시적으로는 전종목이 하락세를 보이고 그 때까지 닛케이 평균 주가(225종목)보다 대폭 상승하고 있던 닛케이 평균 500종목 등도 일시적으로 상당폭 하락한다.

그러나 시장내 지표 중에서 가장 눈에 띄는 것은 신고가(新高價) 종목수의 움직임이다. 연초 이래의 신고가 종목수와 신저가 종목수를 표시하는 지표를 보면 실적장세 후반에는 신고가 종목수가 급증한다.

중·소형주가 폭넓게 상승하기 때문에 당연하다고 할 수 있으나 그 종목수가 200종목을 크게 웃돌거나 경우에 따라서는 300종목에 달하는 경우도 있다. 동증 1부시장의 상장 종목수가 1,100개 정도이니까 약 4분의 1수준에 이르고 있는 셈이다.

역금융장세에 들어서면 우선 이것이 급감(急減)한다. 그러나 신저가(新低價) 종목수가 갑자기 200종목이 되는 것은 아니다. 물론 날(日)에 따라서는 신저가 종목수가 증가하기도 한다.

닛케이 평균주가 일일선(日日線)이 단숨에 급락해 버리는 경우와 몇 번인가 최고치에 접근하는 케이스와는 다르지만 닛케이 평균주가의 단기이동 평균선이 급하강하여 중기(中期) 100일 이동 평균선을 하향 돌파하고, 또한 200일 이동 평균선도 밑돌게 될 것이다.

5. 역실적장세의 특징

주가가 높아보이기 시작함

강세장세의 초기인 금융장세는 4계절에 비유하면 바로 봄이다. 아직 잔설(殘雪)이 남아 있는 추위 속에서도 매화꽃 봉오리가 한송이 한송이 피어나듯이 금융완화라는 춘풍을 등에 업고 경기회복을 하나하나 확인한다. 이윽고 한 여름의 태양을 받아 강력한 실적장세가 전개된다. 그러나 그것도 어느 날인가 금융완화의 종말을 고하는 가을벌레 소리에 금융긴축이 가까워졌다는 것을 알게 된다. 이렇게 해서 역금융장세는 두레박이 끝에서 떨어지듯 빠른 속도로 서산에 지는 가을 해와 같이 빠른 걸음으로 찾아온다. 이 금융긴축에 더하여

〈그림 4-2〉 역실적장세와 지표의 움직임

구 분	금 리	실 적	주 가
금융장세	↓	↘	↑
중간반락	→	→	↓
실적장세	↗	↑	↗
역금융장세	↑	↗	↓
중간반등	→	→	→
역실적장세	↘	↓	↘

외부로부터의 쇼크 재료가 겹치면 호황의 여운 같은 가을 단풍을 즐길 사이도 없이 마치 북쪽 나라의 가을처럼 갑자기 눈발이 내리기 시작한다.

드디어 주식시장에 있어서의 겨울, 즉 역실적장세(逆實績場勢)가 도래한 것이다. 역실적장세는 경기순환으로 말하면 경기의 후퇴기, 불황기이다. 그러나 불황 그 자체는 경기확대의 유지에 실패한 결과이지 결코 의도적인 것은 아니다. 따라서 역실적장세로의 전환 패턴은 일정하지가 않다. 또 강세장세가 높은 상승률과 기간이 긴 데 비해 약세장세는 하락률이 낮고 기간도 짧다. 그러나 어떤 형태의 역실적장세에도 이것만은 이라는 공통점이 있다. 그것은 역실적장세가 최종국면에 가까워지면 가까워질수록 주가가 높아보인다는 사실이다.

주식장세의 네 가지 국면추이에서 볼 수 있듯이 금리가 반전(反轉)하여 상승세로 돌아서기는 하였으나 기업 실적이 아직 증가기조에 있는 등 호황의 여력이 남아 있는 역금융장세 국면이 시간의 경과와 함께 사태가 급속히 악화되어 마침내 역실적장세가 된다. 자금수요가 줄고 금리가 하락기미를 보임에도 불구하고 경기는 더욱 냉각되고 기업수익은 대폭적인 감소가 예상된다〈그림 4-2〉. 이 때에는 기업체력이 약한 기업, 예를 들면 재무구조가 나쁘고 차입금이 많거나 시장점유율이 낮은 한계공급적인 기업은 적자로 전락한다. 때로는 상장기업의 대형도산도 출현한다.

　이와 같이 역실적장세에서는 주가가 하락하는 이상으로 외부환경이 어둡고 실적도 악화되고 있기 때문에 장래 전망은 비관적이 된다. 아무리 금리가 내려도 주문이 끊어지면 물건을 사들일 기분이 나지 않는 것과 마찬가지로 주가가 아무리 내렸더라도 이익이 제로가 되면 PER(주가수익률)는 무한대로 높아보이게 된다. 배당 가능성이 없고 장래전망도 좋지 않은 주식을 갖고 있기보다는 조금이지만 이자를 받을 수 있고 가격하락의 걱정이 없는 금융상품으로 전환하려고 하는 것은 당연하다고 할 수 있다. 즉 주가는 바닥에 가까워지면 가까워질수록 상대적으로 높아보이고 그렇기 때문에 주가가 최고치의 3분의 1이 되어도 매각하는 투자가가 있는 것이다.

　주가가 천장권에 다다르면 장미빛 같은 밝은 정보가 투자가의 눈에 계속하여 들어와 지금 사더라도 충분히 시세차익을 기대할 수 있을 것 같은 욕망을 불태우게 한다. 주가상승이 사람들의 욕망을 유혹한다고 하면 주가의 큰 폭 하락은 어디까지 내릴지 모른다고 하는 공포심을 불러일으킨다.

6. 다양화하는 바닥진입 패턴

통상적으로는 역실적장세에서 바닥진입

경기는 최고조, 기업수익도 증가하리라는 밝은 예상 속에도 불구하고 금융긴축과 외부로부터 쇼크 재료에 의해 매물이 쏟아지는 역금융상세가 「이상매도(理想賣渡)」국면이라고 한다면, 경기후퇴와 기업수익의 감소라는 환경하에 있는 역실적장세는 「현실매도(現實賣渡)」국면이다. 게다가 현실의 악재를 하나하나 반영하며 하락할 뿐만 아니라 최종적으로는 주가하락 그 자체가 공포심을 불러일으켜 투자가의 무차별적인 투매를 유도해 내는 것이다.

따라서 닛케이 평균주가의 추이를 보면 역금융장세에서 시현한 저가에서 일시적으로 반등이 있다고 하더라도, 현실매도 국면인 역실적장세에서는 앞서의 저가를 한 단계 더 끌어내리는 것이 통상적인 주식장세 바닥진입 패턴이다.

그러나 최초의 역금융장세 이상매도(理想賣渡)국면에서 큰 폭으로 하락하면 이 폭락에 의한 저가가 큰 바닥이 되고 이후 조정이 길어지고 이 바닥이 높아지는 경우도 있다. 그 전형적인 예가 1987년 뉴욕시장의 블랙 먼데이 대폭락과 그 후의 움직임일 것이다. 그해 8월 25일 뉴욕다우 30종목 평균(이하 뉴욕다우)지수가 천장을 치고, 9월에 들어 뉴욕연방은행에 의한 프라임 레이트의 대폭인상으로 채권시세가 하락하고 주식장세 국면은 역금융장세에 들어갔다.

뉴욕다우는 8월 25일 2,722달러 42센트의 사상 최고치에서 9월에는 한때 2,500달러 전후까지 급락했다. 10월 초에는 2,600달러대로 반등하였으나 재차 주가는 서서히 하락하기 시작하여 컴퓨터를 이용한 매매지시가 모두 매도신호를 나타냈기 때문에 매도가 매도를 부르는 사상 최대의 대폭락으로 이어졌던 것이다. 즉 뉴욕다우는 10월 19일에 1,738달러 41센트까지 하락했다. 이는 8월의 최고치에서 36%나 하락한 것으로 전세계 주식시장에 패닉(panic) 현상을 초래하였다.

뉴욕다우가 이 하락폭을 메운 것은 1989년 10월 9일로 실로 2년 가까운 세월을 요했던 것이다. 주가는 이렇게 회복되었으나 이 때에 받은 월 스트리트의 상처는 깊어 그 후유증은 장기간 계속되었다. 그러나 미국의 경기는 이 조정기간 중에도 호조를 보여 국민총생산은 확대를 지속하여 평화시로서는 최장기를 기록하고 있다. 즉 경기후퇴, 기업수익의 대폭적인 악화라는 어려운 역실적장세에 빠지는 그러한 국면이 회피되었기 때문에 실세악(實勢惡)을 처분하기 위한 두 번째 바닥은 시현되지 않았던 것이다. 그러나 보는 각도를 달리하면 최초의 폭락이 너무 컸기 때문에 보통의 경우라면 역실적장세에서 시현할 최고치로부터의 하락폭을 역금융장세 국면에서 단숨에 달성해버렸다고 생각할 수도 있다.

이와 같이 강세장세가 금융장세를 바탕으로 하여 실적장세로 일정한 순서를 밟고 전개되는 것에 비해 약세장세는 왕왕 회오리바람이나 태풍처럼 주식시장을 업습하는 경우가 있다. 특히 정보화시대의 진전과 함께 국제금융시장의 연계성이 진전되면 더한층 과거와 같은 경기순환과 주식장세와의 연동성이 상실되고 그것이 약세장세의 스타일을 다양화시키게 될 것이다.

7. 역실적장세에서의 대응

우량주의 매입 찬스

『천장 3일, 바닥 100일』이라는 주식장세 격언에서 추론하면 주가의 천장은 한순간에 사라져버리는 것이기 때문에 팔고 도망치기는 어려우나 바닥에서 보합세를 나타내는 기간이 긴 역실적장세에서는 매입 찬스가 충분히 있는 것처럼 생각할 수 있다. 그러나 실제로는 바닥권에서 사기는커녕 오히려 바닥권에 가까운 곳에서 참지못하고 팔아버린든가, 바닥을 치고 조금 반등한 곳에서 이때다 하고 팔아버리는 투자가가 대부분이다.

시세의 귀신이라 불리는 혼마소규(本間宗久)는『바다 속으로 뛰어들 마음이 없으면 바닥권에서는 매입할 수 없다.』라고 말하고 있다. 또 오랜 주식장세 격언집인 《삼원금천록(三猿金泉錄)》에도 『약세정보를 아무리 많이 듣더라도 결코 자신의 판단까지 비관적이 되어서는 안 된다. 그러한 때에는 다만 매입 찬스를 생각하도록 하라.』라고 기록되어 있다.

확실히 바닥권에서는 그 시점에서 매입하는 것은 물론 고가로 매입한 주식을 참고 보유하고 있는 것만으로도 대단한 것이다. 게다가 역실적장세에서 인기를 모으고 있는 주식의 질은 그다지 좋지 않다. 이러한 환경하에서는 매집설 등의 불확실한 재료로 투기꾼들이 개입하는 그러한 종목이 상승하고 있기 때문이다. 그러나 역실적장세 국면에서 매입해야 할 종목은 이러한 종목이 아니라 업계 제일의 문자 그대로 우량주인 것이다.

　이들 「우량주」라 불리는 종목은 평상시의 투자대상으로서는 그다지 묘미가 있는 주식은 아니다. 왜냐 하면 이름 그대로 우량기업으로서 주가는 그 나름대로의 평가를 받고 있기 때문이다. 그러나 주식장세가 바닥권에 있을 때는 우량주는 『주가가 높은 수준에 있다.』라는 이유 하나만으로 하락한다. 즉 옥석(玉石)구분없이 모든 주식이 투자가로부터 버림받고 있기 때문이다.

　재무구조가 우수하고 경쟁력도 강하고 업계 톱의 위치에 있는 이들 종목을 매입할 찬스라고 하면 바로 쇼크 재료로 모든 주식이 폭락하는 국면이나 이와 같은 주식시장의 장기불황국면밖에 없는 것이다. 그래도 계속하여 하락하면 물타기를 하여 장기보유할 작정으로 매입하는 인내력이 필요하다. 이 시점에서 소량이기는 하나 우량주를 꾸준히 매입하는 것은 보통 장기보유를 목적으로 하고 있는 연금기금 등의 자금을 운용하는 기관투자가 일 것이다.

금융·재정투융자 관련주에 묘미

　한편 가장 묘미가 있는 그룹으로서는 금융관련주와 재정투융자 관련주, 그 다음이 불황 저항력이 강하고 리스크가 적은 전력·가스, 철도, 부동산 그리고 제약주 등일 것이다. 역실적장세 국면에서 아마 수익적으로 가장 큰 타격을 받는 것이 증권주일 것이다. 은행도 끊임없이 대손(貸損)의 위기에 처하고 축소균형의 길을 걷는다. 따라서 이들 금융관련주는 모두 최고치에서 절반 또는 3분의 1 수준까지 하락한다.

　또한 재정투융자 관련주도 수주격감에 따른 과당경쟁으로 실적이 부진을 보이고 게다가 연쇄도산이라는 불안재료를 안고 있기 때문에 주가의 바닥을 예측할 수 없는 지경이다. 그러나 이러한 경기부진의 불황기야말로 다음의 폴리시 믹스(policy mix)라 불리는 재정·금융 양면에서의 경기대책이 단행될 수 있는 환경하에 있는 것이다. 이 경기대책으로 가장 큰 혜택을 받는 것이 금융관련·재정투융자 관련 두 업종으로 다음에 찾아올 금융장세에서 주역으로서 활약할 그룹이다.

8. 테크니컬 지표로 본 역실적장세

신저가(新低價) 종목수의 감소에 주목

역실적장세 국면에서는 주가의 전년 동월대비 등락률을 사용한 코폭 지표 혹은 TI(Timing Indicator) 등의 지표는 제로 라인(zero line) 이하의 마이너스 존에서 반등을 기다리고 있다. 지속적인 하락세를 보이고 있는 닛케이 평균의 200일 이동 평균선 등도 하락률이 작아지게 된다. 물론 거래량도 적고 일시적으로 증가하더라도 곧 감소한다. 주가의 반발과 거래량의 증가가 일치하지 않기 때문에 테크니컬 애널리스트도 장세 반등에 대한 확신이 좀처럼 서지 않는다.

이 국면에서는 물론 연초 이래의 신고가(新高價) 종목수는 적으나 신저가(新低價) 종목수도 장세부진에 비해서는 적어지고 있다. 이 신저가 종목수의 감소는 닛케이 평균주가에 선행하여 바닥을 치기 때문에 주목하여 그 추이를 지켜볼 필요가 있다. 매일 매일의 상승종목과 하락종목의 누적차수(累積差數)를 표시하는 등락비율도 닛케이 평균주가에 선행하여 반등하기 시작하기 때문에 충분히 체크하지 않으면 안 된다.

제5장

●

실례로 보는 주식장세 4국면

온고지신(溫古知新)─옛 것을 연구하여 새 지식을 얻는다.

『그러나 어떤 사건을 설명하거나 분석하는 것보다, 예측하는 것이 어렵다는 것은 새삼스레 말할 필요가 없다.』

1. 1950~70년대의 주식시장

주식공급 과잉기를 제외하고 경기와 연동

제4장에서 말한 바와 같이 이론적으로는 경기순환과 주식장세 4 국면은 다소의 시간차를 수반하면서도 연동성이 높다고 되어 있다.

그러면 실제로 경기변동과 주식시장이 과거의 사례에서 어떠한 움직임을 보였던가를 조사해보기로 하자. 우선 〈그림 5-1〉에서 볼 수 있듯이 50년대부터 62년에 걸친 주식장세 4국면은 거의 이론대로 경기순환과 금융정책에 의한 긴축과 완화를 반영하고 있다. 따라서 경기순환에 3~5개월 선행하여 금융정책 실시와 주가의 천장·바닥은 거의 일치하고 있다.

한편 당시의 일본 경제는 제2차 세계대전 후의 부흥기에서 경제성장기로 접어든 시기로 그 성장에 필요한 자원, 에너지는 물론 공업제품의 태반을 수입에 의존하지 않으면 안 되었다. 당시는 외화부족 →물품부족→인플레이션으로 직결되었다. 따라서 국제수지 동향에 따라 금융정책이 결정되었기 때문에 주식시장의 최대 관심사는 무역수지와 외환보유고 동향에 있었다고 할 수 있다. 이에 따라 금융정책이 어떤 전기를 맞이하기 이전에 국제수지 상황이 변화하면 강세장세의 경우에는 우선 중간반락을, 약세장세의 경우에는 중간반등을 나타낸다.

〈그림 5-2〉에서 볼 수 있듯이 1963~69년에는 그 전까지와 같은 경기변동과 주식장세의 높은 연동성을 볼 수 없다. 이것은 50년대

〈그림 5-1〉 1953~62년의 닛케이 평균과 경기

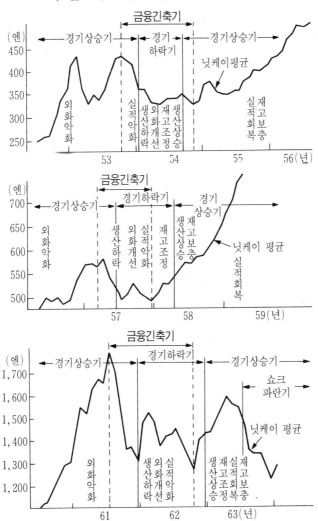

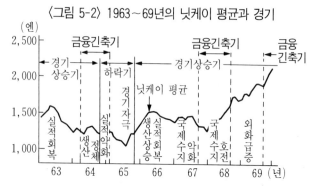

〈그림 5-2〉 1963~69년의 닛케이 평균과 경기

후반부터 60년대 전반에 걸쳐 너무나도 집중적인 액면할당 증자가 이루어져 구조적인 주식의 공급초과 시대를 맞이했기 때문이다. 그 영향은 1965년의 증권불황에서 일시적으로 벗어난 후인 1966년 이후의 장세에까지 영향을 미쳐 집중호우와 같은 매물압박에 의해 주가는 부진을 면치 못했다. 이 사이에 기업실적은 회복되어 이익증가가 계속되었기 때문에 당시의 동증1부 상장주식(東證1部上場株式)의 평균 PER은 10~12배까지 하락하였는데 지금에 와서 생각해 보면 꿈과 같은 저PER 시기였다.

다음으로 〈그림 5-3〉에서 볼 수 있듯이 70년대는 경기순환과 주식장세의 국면추이는 재차 연동성이 높아지기 시작했다.

연동성 부활의 주요인은 공급과잉주식의 해소이다. 따라서 이 기간은 더욱 주식시장의 선행성이 강해져 금융긴축정책실시 3개월 전에 닛케이 평균주가는 천장을 치고 1975년 4월의 긴축완화, 재할인율의 인하보다 6개월이나 앞서 닛케이 평균주가는 바닥을 벗어나고 있다.

다만 이 시기에 주목되는 불규칙적인 장면은 1979년의 재할인율 인상과 닛케이 평균주가의 동향이다. 긴축정책이 시행된 후에도 닛

〈그림 5-3〉1969~80년의 닛케이 평균과 경기

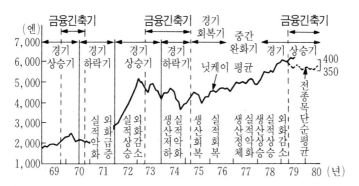

케이 평균주가는 1981년 8월까지 상승세를 지속한다. 이 비정상이라고 할 수 있는 불규칙적인 움직임의 요인은 당시의 도쿄시장이 제2차 오일쇼크로 문자 그대로 에너지 쇼크를 받아 시장에서 관심대상이 자원 에너지 관련주에 집중되어, 이 대상종목인 니혼(日本)석유, 데이코쿠(帝國)석유 등이 이상 상승을 보였기 때문이다. 그것을 뒷받침이라도 하듯이 전종목 단순평균주가는 재할인율이 인상되기 3개월 전인 1979년 1월에 벌써 천장을 치고 있다. 즉 과반수를 표시하는 주가지수는 금융정책과 연동하고 있었던 것이다.

2. 1980년대의 주식시장

일본 경제의 번영을 반영

과거의 경기순환과 연동을 계속해 온 주식시장의 배경을 간단히 요약하면서 80년대의 강세장세의 특징을 부각시켜보기로 하자.

1945~54년

제2차 세계대전 후 인플레이션과 그 수습기. 주가형성에 있어서는 물적증권(物的證券)으로서의 기능이 주목되었다.

1955~64년

고도성장경제. 주가형성면에서는 수익률 혁명과 그 반동(反動)이 있었다. 주식공급과잉시대에서 증권공황으로 돌입하였다.

1965~74년

국제화 및 엔화 신시대. 불황과 광란의 인플레이션에 이어 제 1차 석유위기에 휩싸였다. 주가형성면에서는 주식공급과잉으로부터 탈피, 싯가발행 증자의 정착과 PER의 보급이 특기할 만하다.

1975~84년

안정성장경제로의 전환기를 체험. 제 2 차 석유위기, 주가형성면에서는 가치관의 다양화, 지배증권(支配證券)으로서의 기능이 주목을 모았다.

1985년 이후

80년대 전반부터 계속된 일본 경제의 번영시대라 해야 할 것이다.

일본이 세계 최대의 채권국이 되고 미국·일본, 유럽·일본의 경제마찰이 치열해졌다. 초저금리시대의 도래와 토지·주가의 급등. 그러나 경기는 왕성한 설비투자와 개인소비에 힘입어 기록적인 확대가 계속되고 있다. 반면 참의원에서의 여소야대(與小野大), 소련·동유럽제국의 급격한 개혁 등 정치적, 국제적으로도 큰 전환기를 맞이하고 있다.

한편 주식시장에서는 토지가격의 상승에 따른 중후장대산업(重厚

長大産業)의 토지평가익과 사업의 재구축(restructuring)이 큰 재료가 되고, 큐 레이쇼 등 기업의 평가방법이 여러 가지로 논의되어 결국은 국제적으로 너무 높다고 여겨지던 일본의 주가가 적정수준이라는 평가를 받게 되었다. 국내외에서의 기업 자금조달이 다양화하고 기업의 여유자금 운용이 급속히 확대, 특정금전신탁운용 등 기관투자가의 유가증권에 의한 단기의 운용경쟁이 이루어지는 한편, 인덱스(주가지수)연동형의 시스티머틱(systematic ; 체계적인)한 운용방법이 활발해진다. 금융이 국제화가 추진되어 선물시장의 충실과 함께 금융상품의 다양화가 진전된다.

공전(空前)의 금융장세를 전개

1979~80년에, 즉 제2차 오일 쇼크 직후부터 도쿄시장은 자원에너지주 중심의 극단적인 파행장세를 전개하기 시작한다. 이러한 경향은 1981년부터 경박단소(輕薄短小)라 불리는 하이테크 그룹 주도장세로 이어졌다. 일본은 성에너지 및 생력화 노력으로 고품질의 하이테크 제품의 세계공급기지가 되고 방대한 무역흑자의 누적으로 외화준비고가 급증하였다. 미국은 재정적자·무역적자라는 쌍둥이 적자를 안게 되고 이것이 달러화의 급락, 엔화의 급등을 초래하게 된다. 당연한 것이지만 자금이 부족해진 미국의 금리는 상승세를 지속하고 세계최대의 채권국 일본의 금리는 사상 최저수준으로 떨어져 초저금리시대를 맞이했다.

또한 이 시기에 원유가격도 하락하여 도쿄시장에서는 원유가 하락·엔화 강세·저금리에 따른 3저 현상을 배경으로 한, 공전의 금융장세가 전개되었다. 즉 급격한 엔화 상승에 따라 수출산업을 중심으로 엔고(円高) 불황을 실제 이상으로 소리 높임에 따라 주식시장은

<표 5-1> 특수분류에 의한 연간 등락률 추이

종 목	'83년 등락률 (%)	'84년 등락률 (%)	'85년 등락률 (%)	'86년 등락률 (%)	'87년 등락률 (%)	'88년 등락률 (%)	'89년 등락률 (%)
일렉트로닉스관련주	64.4	3.3	▼4.7	13.9	10.6	11.6	28.2
바이오신약관련주	22.9	80.7	▼21.3	31.5	▼2.0	▼5.7	3.4
금 융 관 련 주	5.2	73.4	16.9	77.5	2.8	18.8	0.1
공공서비스관련주	49.5	25.9	22.1	60.2	5.2	27.1	16.3
토지자산관련주	20.7	10.4	50.3	90.6	▼0.7	44.8	17.0
식품·화학바이오관련주	24.9	31.3	17.5	63.3	34.3	1.2	8.6
재정투융자관련주	10.2	1.0	52.9	76.0	40.3	7.1	46.5
소 비 관 련 주	23.3	▼0.3	5.2	40.6	19.5	13.9	30.2
시 황 관 련 주	26.8	12.7	9.6	24.8	47.4	29.0	25.4
설비투자관련주	31.1	10.7	12.7	46.8	9.5	26.8	33.8
닛케이 평균(225종)	18.9	13.6	9.8	44.1	17.7	30.1	22.3
닛케이 평균(500종)	32.6	11.0	1.2	29.9	9.8	17.5	27.9

주 : 지수는 모두 월간 평균. 1980년 1월 4일=100.
　　소비, 시황 관련주만 1970년 1월 5일=100.

그것을 반영하여 극단적인 파행장세를 시현하였다. 실제로 생산활동은 정체되고 은행·증권, 전력·가스를 제외한 기업의 수익은 1986~87년에 감소로 돌아섰다.

<표 5-1>에서 볼 수 있듯이 1983년에 전기·전자주를 중심으로 한 하이테크 관련장세가 끝나자, 1984년부터는 금융·공공서비스 관련주 등 금융장세의 주역이 활약하게 된다. 그 중에서도 특히 3저 현상에 더해 도쿄만 재개발 관련기업으로서 도쿄전력(東京電力)과 도쿄가스의 주가는 이미 1983년부터 상승하기 시작했다. 그 다음으

로 주목을 끈 것이 시중은행을 비롯한 일본흥업은행·일본장기신용
은행 등 장기신용은행과 기록적인 주식거래량을 배경으로 한 증권주
도 사상 최고치를 큰 폭으로 경신하였다.

이 대금융장세의 클라이맥스에 등장한 NTT의 주가도 공개가격인
119만 7,000엔을 크게 웃도는 160만엔을 시초가로 상장된 후 1987년
4월에는 318만 엔(액면가 5만 엔)까지 상승했다(역주 : 1993년 9월 6일 현재 94만 9,000엔).
이와 같이 자본규모가 큰 공공관련주와 금융관련주의 대폭적인 상승
에 따라 동증 1부시장의 싯가총액은 1985년 1월의 150조 엔에서 2
년 후인 1987년 4월에는 400조 엔으로 승가하여 뉴욕시장이 싯가총
액 360조 엔을 단숨에 뛰어넘었다. 물론 이 사이에 재정투융자 관련
주도 상승세를 보였고 경기후퇴의 영향을 거의 받지 않았다는 이유
로 제약주도 큰 인기를 모았다.

전환점에서 「천장, 바닥 일치」

GNP 베이스로 보는 한 일본 경제는 1986년 11월부터 경기가 회
복되기 시작했다. 이것을 반영하여 이 국면에서는 이미 소재산업의
주역이기도 한 철강주가 움직이기 시작한다. 그러나 금융장세와 실
적장세의 전환은 주식시장에서는 왕왕 격렬하다. 특히 1987년의 케
이스는 차트적인 표현을 빌리자면 「천장과 바닥의 일치」를 시현하고
있다. 즉 같은 시기에 어떤 그룹은 대천장을 치고 어떤 그룹은 큰
바닥을 시현하고 있는 것이다.

1987년 4월 도쿄전력은 9,420엔, 스미토모(住友)은행은 5,050엔
으로, 각각 공전의 사상 최고치를 시현한 후 하락을 계속하여 1990
년 3월 현재까지 이것을 돌파하지 못하고 있다(역주 : 1993년 9월 6일 현재 도쿄전력 3,580엔, 스미토모

은행 24
○○엔). 한편 주문격감, 실적악화로 고전하는 공작기계 메이커인
모리(森)정기는 1984년 3월의 최고치 3,710엔에서 1987년 4월에는
970엔까지 하락했다. 1986년부터 하락한 히타치(日立)제작소는
87년 4월의 844엔을 바닥으로 크게 반등하였다. 그러나 1986년~
89년 초에 실적장세의 주역은 정석대로 소재산업이었다. 특히 이 경
우에는 대형고로(高爐)메이커의 활약이 눈에 띄는데 가와사키(川
崎)제철은 1987년의 블랙 먼데이로 인한 폭락이 있은 바로 다음 주
에 사상 최고치를 경신하는 저력을 보이기도 했다.

이 소재산업도 1989년 전반기에 거의 힘을 잃기 시작하여, 주역
의 자리를 설비투자 관련주에 넘겨주게 된다. 이어서 소비관련주와
계절이 지난 재정투융자 관련주가 재등장한다. 이것은 21세기에 걸
친 대형 프로젝트의 이상매입이었을 것이다. 1980년대의 경기확대
가 오랜만의 대형 설비투자와 왕성한 개인소비에 힘입은 것이라고
본 주식시장의 선택은 잘못되었다고는 할 수 없을 것이다. 다만 후
술하는 것처럼 과거의 시황국면에 있어 주도업종의 변화는 동시진행
적으로 인기를 모아 왔던 인덱스 펀드의 등장으로 종래와 같은 주식
장세의 국면추이에 따른 주도종목의 변화와 파행현상이 엷어져 계절
감이 부족한 시황이 전개되었던 것이다.

3. 장기파동으로 본 주식장세

「산이 낮으면 골도 얕다」
1946년 제2차 세계대전 후 주식시장이 재개된 이후의 주식장세

움직임을 닛케이 평균 장기파동으로 분석해보면 〈그림 5-4〉와 같이 처음의 3개의 장기파동은 상승기간이 거의 80~90개월이고 이 기간의 닛케이 평균 상승률은 5.3배에서 5.8배로 거의 비슷한 강세장세를 전개하고 있다.

이것에 비해 약세장세 쪽은 다소 들쭉날쭉하다. 최단기는 50년대의 13개월, 최장기는 60년대의 48개월, 하락률도 33.5%에서 44.2%까지의 차가 있다. 이와 같이 1961년부터의 하락장세가 눈에 띄는 것은 인플레이션, 무역수지의 대폭적자, 금융긴축에 케네디 쇼크까지 겹쳐 그대로 1965년의 증권불황으로 돌입했기 때문이다. 게다가 기업의 대량증자 후유증으로 인한 대형 증권사의 도산이 약세장세를 필요 이상으로 길게 했던 것이다. 어쨌든 주식장세는 그 격언대로 『산이 높으면 골도 깊다.』라는 파동을 그려 왔다고 할 수 있다.

그러나 두 번에 걸친 오일쇼크에 의해 일본 경제는 70년대에 들자

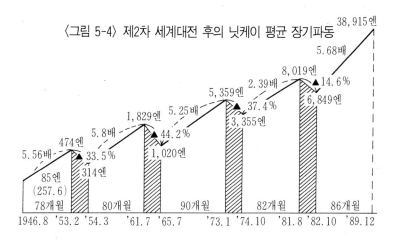

〈그림 5-4〉 제2차 세계대전 후의 닛케이 평균 장기파동

마이너스 성장에서 안정성장으로의 길을 걷기 시작했다. 이에 따라 1974~81년의 장기 상승파동을 보면, 닛케이 평균은 82개월에 걸쳐 상승을 지속했음에도 불구하고 상승률은 종래의 절반에도 미치지 못하는 2.4배의 상승에 그치고 있다. 이 기간은 『골이 깊음에도 산이 낮다.』라는 결과로 끝나고 있다.

그 원인은 오일 쇼크에 의한 에너지 부족, 세계적인 고금리와 경기후퇴가 시작되고 그 때까지 일본의 산업을 지탱해 온 중후장대산업(重厚長大産業)이 모두 구조불황 업종으로 전락하고 말았기 때문이다. 즉 닛케이 평균주가가 채용하고 있는 225종목 대부분이 성에너지와 합리화에 쫓겨 실적이 장기에 걸쳐 악화되었기 때문이다. 다만, 이 기간 동안에 한편으로는 일본 경제의 소프트화가 진전되어 세븐 일레븐(seven eleven ; 편의점)과 같은 닛케이 평균주가 비채용종목이 주식시장에 화려하게 등장하기 시작한다.

이러한 환경하에서 완만한 상승을 계속해 온 닛케이 평균은 드디어 1981년 8월부터 1982년 10월에 걸쳐 14개월간 닛케이 평균주가 하락률 14.6%라는 비교적 완만한 조정장면을 맞이한다. 이 경우는 『산이 낮으면 골도 얕다.』는 파동을 그렸던 셈이다.

경계구역에서도 상승기대

이어서 1982년 11월부터 시작된 강세장세는 산업계의 생존을 건 성에너지 및 생력화 투자와 때마침 시작된 정보화의 파도를 타고 처음에는 하이테크 관련주의 대폭 상승으로 시작됐다. 이어서 원유가 하락·엔화강세·금리하락이라는 소위 3저 현상의 혜택을 받은 전력·가스 등 공공주와 금리 민감주를 중심으로 공전(空前)의 금융장세가 전개되었다. 이윽고 1986년 11월부터 경기도 회복세를 보이고, 1987년부터 본격적인 경기확대가 시작됨에 따라 주식시장은 금융장세적인 수요우세 요인을 유지하면서도 철강 등 소재산업을 중심으로한 본격적인 실적장세로 돌입하였다. 그 후 1988년에 들어서자 정석대로 소재산업에서 가공산업으로 주역을 바꾸어가면서 상승을 계속하여, 두 차례에 걸친 재할인율의 인상이 있었음에도 불구하고 더욱 기세를 올리며 상승하여 연말에 걸쳐 사상 최고치(38,915.87 엔)를 시현하였다.

이 사이에 닛케이 평균 상승기산은 86개월째를 맞이차였고 상승폭은 5.6배에 달하였다. 상승기간·상승폭 모두 과거 10년 사이클 상승파동에서 보면 각각 사상 2위의 상승규모이다. 이와 같이 과거의 주식장세의 중·장기파동에서 보더라도 당연히 경계해야 할 위치에 장세가 도달하였음에도 불구하고 대부분의 투자자는 1990년의 주식장세에 대해서도 여전히 상승장세가 될 것으로 기대하고 있었다.

이것은 경기순환과 주식장세는 다소의 시간차가 있다고 하더라도 거의 비슷하게 움직이고 있었기 때문에 강력한 설비투자 확대와 왕성한 개인소비에 힘입은 1986년 말부터의 경기확대가 여전히 지속될 것으로 보았기 때문이다.

실제로 일본경제연구센터 가나모리 히사오(金森久雄) 회장도 10년 사이클인 설비투자순환(주글러 사이클)의 상승과 함께 20년 사이클인 쿠즈네츠(Kuznets)의 건설투자순환도 상승으로 전환되어 있기 때문에 이때의 경기확대가 길어질 것으로 예측하고 있었다(日本經濟新聞 89년 10월 2일자). 확실히 90년대에 착공 예정인 대형 프로젝트 동향을 볼 필요도 없이 80년대 후반부터 시작된 경기확대에 대해서 많은 이코노미스트들이 장기화할 것으로 예측하고 있었다.

따라서 90년대에 들어서면서 시작된 조정국면에서도 1987년의 블랙 먼데이에 의한 폭락과 마찬가지로 단기간에 주식장세가 회복될 것으로 예상하는 경향이 강했었다. 그러나 1987년 당시는 주식장세 국면이 금융장세에서 겨우 실적장세로 옮겨가려는 단계에 있었다. 즉 강세장세 중에서도 가장 탄력이 붙은 상승장세로 얼굴에 카운터 펀치를 맞고 잠깐 무릎을 바닥에 댄 상태와 같은 것으로 곧 다시 일어나 본격적인 실적장세를 전개했던 것이다.

그러나 찾아온 역금융장세

그러나 플라자 합의 이래의 원유가 하락, 엔화강세, 금리하락의 3저현상을 1989년에 들어 조용히 역전되기 시작했던 것이다. 그 최초의 신호가 1989년 5월 31일에 단행된 최초의 재할인율 인상이었다. 여기서 도쿄시장은 관심대상을 종래의 저가 대형주에서 중·소형 중고가주로 급전환한다. 그러나 10월 들어 재차 재할인율이 인상되었음에도 불구하고 미국의 금리인하에 따른 미니 3저현상을 기대하는 목소리도 있어 철강주 등 대형주가 일시적으로 반등하였다. 게다가 연말에 걸쳐 인덱스 펀드의 성황에 따라 닛케이 평균주가를 구성하는 일부종목이 이상(異常)급등하여 재차 닛케이 평균주가는 불규칙적인 급등장세를 전개하였다.

이러한 1990년 장세에 대한 기대도 연초 이래의 엔화 약세와 채권 폭락에 의해 사라졌다. 또 주식장세의 단기 회복기대도 3월에 들어서면서 단행된 재할인율의 제4차 인상에 의해 무너져갔다. 즉 3저

현상이 완전히 사라지고 엔화약세·채권약세·주가약세라는 패턴으로 바뀌어 주식시장 국면이 드디어 역금융장세로 옮겨갔다는 사실을 말해주고 있다.

1990년 장세가 닛케이 평균주가의 장기 파동에서 본 10년 사이클의 조정국면에 돌입했는가의 여부는 1990년 4월 이후의 엔화시세와 금리동향이 그 열쇠를 쥐고 있다. 그러나 조기에 엔화약세와 금리상승에 브레이크가 걸린다 하더라도 주식장세 국면이 재차 실적장세로 되돌아가거나 단숨에 금융장세로 전환되는 일은 없을 것이다. 정도의 차이는 있지만 가까운 장래에 「역금융상세」를 경험하지 않으면 안 될 것이다. 이미 각 조사기관에 의한 1991년 3월 결산기의 기업수익 예상은 1989년 말의 예상에 비해 큰 폭의 감소를 나타내고 있다.

아무리 채권대국(債權大國)이라고는 하나, 도쿄시장은 이번에도 또 주식장세의 국면추이 사이클에서 벗어날 수 없다는 것을 재인식시켜 줄 수 있을 것인지 모르겠다.

제6장
•
종목을 고른다

『증권가치가 최종적으로 얼마가 될 것인가 하는 것에 대해 정답이 있는 것은 아니다. (중략) 실제로는 시장가치는 인간의 기대와 두려움에 의한 바가 크다. 또 탐욕, 야심, 보이지 않는 손, 발명, 금융긴축, 기후, 발견, 유행, 기타 이유를 아무리 들더라도 빠짐없이 전부 나열하는 것은 불가능하다.』

—제럴드 로브
《월 스트리트의 마술사》(R. 마틴 저)

1. 유연한 투자접근을

단기투자냐, 장기투자냐

『어떤 종목을 사면 좋은가』라는 물음에 대해서 그 자금의 대소에 불구하고 주가가 어느 일정수준까지 상승하면 언제라도 시세차익을 얻을 목적으로 투자를 하는 경우와, 금융자산의 일부로서 인플레이션 헤지를 위해 장기간에 걸쳐 보유하는 것을 목적으로 하는 경우에는 종목선택 방법이 달라진다.

일반적으로 단기투자와 장기투자의 목적별로 종목을 분류하는 경우가 많다. 그러나 개인투자가가 장기보유하고 있는 종목의 태반은 단기차익을 기대하였음에도 불구하고 하락하고 말았거나 또는 상승한 시점에서 욕심을 내어 팔지 못해 어쩔 수 없이 계속 보유하고 있는 두 가지 경우이다. 즉 의도하지 않는 장기투자라 할 수 있다.

한편 기관투자가의 경우는 「특정금전신탁(特金)」과 같이 결산기간 내의 매각익을 목적으로 한 주식투자의 경우는 명백히 단기투자이지만, 일반적으로는 연금기금과 같이 장기보유를 목적으로 하고 있다. 물론 장기보유를 목적으로 매입한 주식이라 하더라도 어떤 일시적인 인기재료로 인해 주가가 이상 급등하면 이것을 매각해버리는 경우가 있으며 또한 발행회사의 부탁으로 주가를 내리기 위해 보유주식을 매각하는 경우도 있다. 이러한 경우는 의도하지 않는 단기투자라 해야 할 것이다.

이와 같이 투자자금의 크기와 투자목적에 따라 투자방법이 달라지는 것과 마찬가지로 종목선정도 달라진다. 어떠한 목적에도 합치되는 그러한 종목을 선택할 수 있으면 이상적이지만 그것은 불가능에 가깝다.

물론 일본 경제의 장기적인 성장을 기대하여 주가지수에 연동하여 운용하는 인덱스 펀드를 장기보유하고 단기투자에는 주가지수의 선물거래나 옵션거래를 이용할 수도 있다. 이 경우는 일본주식회사라는 한 종목에 대한 투자가치와 투자 타이밍을 생각하기만 하면 된다. 그러나 이것은 어디까지나 주가지수를 매매하는 것으로 기업을 선택하는 경우와는 다르다.

여기서는 인덱스 매매의 옳고 그름에 관해 논할 생각은 없고 어디까지나 중·장기투자를 목적으로 한 종목선택 방법에 관해 생각해보기로 하자. 즉『조금 놀리고 있는 돈이 있는데, 뭐 재미있는 주식이 없는가』라는 개인투자가라든가『앞으로 2개월, 결산시까지 한 10% 정도의 시세차익을 얻고 싶은데…』라는「특정금전신탁」의 펀드 매니저에게 주관심은 매매의 시세차이지 기업의 내용은 둘째 문제인 것이다.

자산가치냐, 성장성이냐

50~70년대에 주식투자를 조금 전문적으로 공부해보려고 생각했던 사람들은 반드시라고 해도 좋을 정도로 벤저민 그레엄의 저서 《현명한 투자가》라는 책을 보았을 것이다.

『가구가 붙어 있는 집을 가구가격으로 산다.』는 것을 목적으로 기업의 재무제표를 철저히 분석하여 실제가치보다 싼 주식에 투자할 것을 주창한 이「증권분석」의 파이어니어는「양」으로 측정할 수 없는 것은 일절 신용하지 않는 수학자적인 애널리스트이기도 했다. 1940년 무렵은 월 스트리트에서도 내부정보와 감에 의존한 투자가 성행하고 있던 시기였던만큼, 그의 분석방법은 일약 각광을 받았다.

그의 생각을 답습하고 있는 애널리스트나 펀드 매니저가 미국은 물론 일본·유럽에서도 많이 활약하고 있다. 이 분석방법은 기업이 완전히 그 재무내용을 공표하고 있기만 하면 가능한 종목선별방법으로 원격지에서도 국제분산투자를 할 수 있다. 다만 당시는 데이터의 입수·보존과 그 전문적인 분석방법의 비용과 노력이 상당히 필요하여 일반투자가에게는 전혀 맞지 않는 것이었다. 그러나 현재는 이러한 데이터는 컴퓨터로 처리되고 있어 언제라도 랭킹으로 표시된 것을 입수할 수 있다.

다만 시대가 변함에 따라 새로운 투자척도가 등장하기 시작하자 이 그레엄의 고전적인 분석방법에 대해 마침내 그 자신도『증권분석의 정교한 테크닉이 유리한 투자대상을 발견하는 데 유일하게 유효한 방법이라고 더 이상 주장할 생각은 없다.』라고 말하지 않을 수 없게 되었다.

60년대 이후의 애널리스트들은 어느 쪽인가 하면 이「자산가치」를 중시한 종목선정에서「성장성」을 중시한 주가분석방법으로 전환하기 시작했다. 주가수익률(PER)이라는 척도가 주류를 차지하기 시작했던 것이다.

요즘에 그 운용성적에 신화적인 펀드 매니저라는 존 템플턴도『싯가가 참 가치를 밑도는 회사를 많은 시장 중에서 찾아내는 것을 기본으로 삼고 있다.』라는 점에서는 그레엄과 비슷하지만, 주가 수익률이나 영업이익, 청산가치 등을 중시하는 한편, 『성장률은 회사평가상 빼놓을 수 없는 개념으로 지속적인 성장은 무엇보다 중요하다.』라고 말하고 있다. 게다가 그레엄식의 완고하다고도 생각할 수 있는 투자와 종목선정에 대해서 유연성이야말로 꼭 지켜야 할 기본적인 생각으로 『모든 것이 순조롭게 움직이고 있을 때에는 벌써 다음 태세로 옮길 수 있는 준비가 되어 있지 않으며 안 된다.

시장 사이클이 자신의 예상과 완전히 일치하게 되면 크게 비약해야 한다.』라고 말하고 있다. 이 「시장 사이클이 일치하면」이라는 생각이 장세의 국면추이와 그 국면에서 상승하는 수도입종을 분석하는 것의 유효성을 강조하고 있다. 어쨌든 종목을 선정하는 방법을 크게 둘로 나누면 「자산가치」를 중시하는 분석방법과 「성장성」에 중점을 두는 분석방법이 있다.

시장은 흔들린다

그러나 시대의 흐름이 완전히 자산가치 중시에서 성장성 중시로 완전히 전환되었다고는 할 수 없다. 예를 들면 미국에서는 50년대 말부터 70년대 초에 걸쳐 젊은 엘리트 펀드 매니저들이 성장주에 집중투자를 하는 고 고 펀드(go go fund)를 만들어 경이적인 운용성적을 올렸으나, 1973년부터의 하락장세에서 그 대부분이 사라져갔다. 그리고 현재는 자산가치에 비해 주가가 낮게 평가되어 있는 기업이나 보유자산을 충분히 활용하지 못하고 있는 기업의 매수·합병(M&A)이 뉴욕시장에서 인기를 모으고 있다. 일본의 경우에도 1982~83년에는 경박단소(輕薄短小)의 소형성장주 붐이 있었지만, 그 후는 수도권의 토지가격 급등을 계기로 토지 대량보유회사 등 토지자산주에 인기가 집중되었다.

그러나 이 인기대상의 큰 변화도 주의해서 보면 주식장세 4국면에 맞는 업종과 종목이 2~3년 주기의 파도를 타고 순환매(循環買)가 일어난다는 것에 주목해야 한다. 「자산가치」냐, 성장성을 중시한 「수익성」이냐에 구애받기 전에 시황국면에 맞추어 가면서도 유연성 있게 업종과 종목선정을 해야 할 것이다.

2. 4국면에서의 대응

테마 매입도 국면에 맞게

개개 종목의 특수한 경우를 제외하면 금융장세 국면에서는 금리 민감주의 수익변화율이 가장 크고 실적장세에 들어가면 전반(前半)은 소재산업이나 시황산업의 기업수익의 회복이 크다. 그 다음으로 설비투자와 왕성한 개인소비에 의해 가공산업과 내구소비재 관련 기업의 수익이 크게 늘기 시작한다. 그러나 호황이 장기간 계속되면 인플레이션 우려가 대두된다.

그 결과 금리가 상승하면 시장으로의 자금유입에 브레이크가 걸려 수급관계가 악화될 뿐만 아니라 차입금 의존도가 높은 대형기업의 수익을 압박하기 때문에 대형주의 움직임이 둔해지기 시작한다. 상대적으로 중·소형의 고수익 기업이 클로즈업된다. 이 기본적인 인기대상의 변화에 대해서는 제5장의 「실례로 보는 장세 4국면」에서 말한대로이다.

이러한 시황의 추이와는 별도로 한 차례 큰 산업구조 및 금융구

조의 변화가 진척되거나 기술혁신의 장기순환 파동이 밀려오면 그 대상업종 및 개별종목의 대표적 기업의 주가를 2~3년 사이에 5~6배 끌어올리게 된다. 이 새로운 변화를 시장에서는 테마 매입이라고 부른다. 이 테마 매입은 도쿄시장에 종종 사용되는 종목선정의 주요한 재료인데, 유럽이나 미국 주식시장에서는 거의 볼 수 없는 현상이다. 이것은 일본 주식시장에서 대형증권사가 차지하는 비중이 너무 높아 이 대형증권사가 테마를 만들어내고 앞장을 서면 여기에 거액투자가가 잠사히기 때문이다.

원래 이러한 테마의 대상이 되는 기업은 경기의 순환국면이 실적에 좋게 작용하여 실적전망이 시간이 지날수록 상향 수정되고 사상 최고이익을 경신한다. 게다가 이 테마 매입의 인기가 더해져 상승에 박차를 가한다. 지속적인 이익증가 예상만으로도 주가는 비교적 순탄한 움직임을 지속한다. 그렇지만 테마만으로 주가가 상승한 경우 수익이 수반되지 않는 경우에는 그 대상종목은 인기가 떨어지고 장세는 단명(短命)에 그치고 만다.

주식시장서 장기적인 강세재료가 연간을 통하여 또는 다음 해에도 매입재료가 되는 일은 거의 없다. 이것은 주가가 그 기대되는 호재를 재빨리 반영해버리기 때문이다. 물론 한 숨 쉬고 나서 같은 재료를 다시 써먹거나 표현방법을 조금 바꾸어 주가를 끌어올리는 케이스도 있다.

어쨌든 주식시장에서 3년간에 걸쳐 동일한 주요 테마가 매입재료로서 이용되는 일은 우선 있을 수 없다. 기껏해야 2년 이내, 따라서 테마에 맞는 종목을 선정한 경우에도 우선 그것이 장세 4국면에 맞는지의 여부를 체크해야 한다. 그렇게 하면 수익의 지속성에 관한 신뢰도는 한층 높아질 것이다.

우선 「선도종목」을 고른다

강의 흐름은 가운데가 빠르고 제방에 가까워질수록 느리다. 따라서 배를 타고 강을 따라 내려가는 경우에는 가운데일수록 흐름을 잘 탈 수 있다. 장세의 흐름을 아는 경우에도 시장에서 인기를 모으고 있는 선도주(先導株)에 주목, 우선 그것에 투자하는 것이좋다.

장세의 4국면, 그 중에서도 강세장세인 금융장세와 실적장세에서는 상승하는 업종 또는 특수분류된 그룹의 주가동향을 보면 과거 어떠한 국면에서도 비슷한 성격의 종목군이 상승하고 있다. 물론 연대에 따라서는 다소 뉘앙스가 다른 업종·종목이 상승하고 있는데 이것은 역시 시대의 흐름을 반영한 것이다. 특히 최근에는 금융시장의 국제화가 진전된 결과일 것이다. 게다가 전후 한동안은 상장종목의 태반이 제조업이었으나 그 후 경제의 소프트화가 진전되고 일본이 세계최대의 채권국이 됨에 따라 동증 1부시장에서 금융·유통·레저나 서비스 산업이 차지하는 비중이 급속히 높아지고 있다.

이전에는 기업수익을 나타내는 경우 전력·가스를 제외하거나 은행·증권을 제외한 숫자가 사용되었으나 현재는 이들 업종의 이익 절대액이 타업계를 능가하는 규모가 되었다. 이와 같이 장기적으로는 경제·사회의 변화에 따라, 서서히 산업구조가 변화하여 중기적인 경기순환이나 주식시장 국면추이에 종래와 다른 영향을 주기는 하지만, 금융장세에서 상승한 금리 민감주가 다음의 실적장세에서 주역이 되는 그러한 일은 있을 수 없다.

약세장세에서는 이상매입(理想買入)

1973년 제 1 차 오일 쇼크는 세계경제에 큰 영향을 주었다. 특히 에너지의 태반을 해외에 의존하고 있는 일본은 선진국 중에서도 가장 큰 충격을 받았다. 물론 주식시장도 경제가 실체 이상으로 대혼란에 빠지고 때마침 시작된 역금융장세의 상처가 더해져 큰 타격을 입었다. 이 국면에서 장세와 역행하여 상승을 시현한 것이 국민적인 희망을 모은 데이코쿠(帝國)석유와 니혼(日本)석유이다. 그 개발투자가 수익으로 이어질 것인지의 여부를 냉정히 분석해서는 이 지원주의 대장세에 탈 수 없게 되어버린다. 원래 역금융장세나 역실적장세 국면에서 실적전망이 밝은 그러한 업종은 눈에 뜨이질 않는 법이다.

1979년 말의 제 2 차 오일쇼크에서 천장을 친 자원주의 뒤를 이어 활약한 것이 경박단소라 하는 기술집약형 하이테크 관련주이다. 대부분의 전기 · 정밀주가 대폭 상승하였으나 이 중에서 선도주를 들어보면 로봇 메이커인 화낙일 것이다. 동시에 불황기에 강한 제약주가 상승하였는데 그 중에서도 업계 1위인 다케다(武田)약품과 야마노우치(山之內)제약은 동 그룹의 선도주 역할을 하였다.

1985~87년의 사상 최고의 금융장세에서도 정석대로 금리 민감주 · 공공관련주 · 재정투융자관련주가 일제히 상승했다. 이들 그룹 중에는 기업수익도 이 사이에 사상 최고의 호결산을 구가한 종목이 수없이 많다. 즉 금융장세와 실적장세의 상승효과를 시현한 셈이다. 그 대표적인 종목이 엔화강세 · 금리하락 · 원유가하락이라는 3저의 혜택을 풀로 받은 도쿄전력, 도쿄가스라 할 수 있다. 게다가 이 두

종목은 도쿄만 재개발 관련주라는 당시 도쿄시장 최대의 호재가 가미되어 3년 사이에 주가가 9~10배나 뛰어오르는 대장세를 전개하였다.

역금융장세에서 역실적장세에 이르는 약세장세에서는 우선 불황저항력이 강한 업종의 톱 종목을 사야 하며 경우에 따라서는 불확실한 재료이기는 하나 이상매입(理想買入)으로 상승하는 인기종목이 선도주가 된다. 금융장세에서도 앞서 말한 종목에 은행·증권, 부동산의 톱 기업을 고르는게 좋다.

실적장세에서는 3류주가 활약

경기확대 기간에 따라 상승하는 업종에 다소의 차이는 있으나 전반에는 소재산업이 상승하고 후반에는 민간설비투자의 증가를 반영하여 가공산업이 상승한다. 소재산업에는 섬유·제지·화학·유리·철강·비철금속 등의 업종이 포함되고 가공산업에는 기계·전기·자동차·조선·정밀 등이 있다.

경기확대를 배경으로 전개되는 실적장세에 있어서는 제조업은 물론 비제조업 중에서도 특히 해운·육운·항공·리스·레저·상업 등 거의 전업종이 큰 폭의 이익증가를 시현한다. 금융 중에서도 손해보험의 경우는 호황의 혜택을 크게 입는다. 따라서 실적장세에서도 전반은 각 업계의 톱 랭킹에 속하는 종목이 상승하는 경향이 있다. 그러나 다른 시황국면과 달리 이러한 경향은 일시적이고 그 주류는 뒤처진 종목이 순환매에 의해 상대적인 수준정정(水準訂正)이 이루어진다. 따라서 투자효율면에서는 1류주보다도 3류주의 활약기라 할 수 있을 것이다.

즉 실적장세란 실적 변화율이 높은 기업이 상승하는 장세라고도 할 수 있다. 원래 불황저항력이 강한 업종 또는 재무구조가 뛰어나 일정한 수익수준을 유지할 수 있는 그러한 기업보다도 호불황의 영향을 받아 시황동향에 크게 좌우되기 쉬운 업종이라든가 동일업종 중에서도 2, 3류의 한계공급적인 기업이 더 높은 상승폭을 보인다고 할 수 있을 것이다.

그러나 이러한 3류기업을 실적장세 후반까지 지속 보유하거나 더 나아가 가공산업이 등장하는 후반에 고가권에서 이를 매입하는 것은 대단히 위험하다. 이 국면에서는 오로지 주가하락의 위험성이 적은 기업으로 매입대상을 좁혀야 할 것이다. 예를 들면 주가수익률 (PER)이 낮고 또한 1주당 순자산배율(PBR)이 낮은 그러한 종목이다.

제 7 장

타이밍을 포착한다

『진실로 장기기대를 기초로 하는 투자는 오늘날
에는 극히 곤란하고 거의 실행 불가능하다고 한
다. 그것을 기도하는 사람은 확실히 군집(群集)이
어떻게 행동할 것인가를 군집보다도 보다 잘 추측
하려고 시도하는 사람에 비해 훨씬 힘든 나날을 보
내야 하며, 훨씬 큰 위험을 무릅써야 하며 동등한
지력(知力)으로 하려 한다면 그는 한층 비참한 잘
못을 저지르게 될 것이다.』

―존. M. 케인스
《고용·이자 및 화폐의 일반이론》에서

1. 타이밍은 돈이다

주가는 심리적 요인으로 움직인다

주식에는 몇 가지 얼굴이 있다. 하나는 「이윤증권」으로서 기업이 번 이익을 배당금이나 무상증자 등으로 분배하는 일반투자가용 얼굴이다. 한편 의결권을 이용하여 그 기업의 경영권을 장악할 수 있는 「지배증권」으로서의 얼굴도 갖고 있다. 또한 기업의 순자산을 팔아 처분할 때의 「해산가치」가 평가되는 측면도 있다.

M＆A와 같이 기업의 매수나 흡수합병을 위한 주식 대량취득이 클로즈업되게 되면 「지배증권」으로서의 메리트나 「해산가치」의 유무도 중요한 요소가 된다. 그러나 이러한 측면을 평가하는 것은 법인투자가나 거액투자가의 세계에 속하는 것으로 일반투자가는 어디까지나 「이윤증권」으로서의 주식투자 메리트를 생각하고 투자하는 것이다. 그러나 배당수익률이 0.3％ 이하라고 하는 현재의 주가수준에서 보면 일반투자가는 시세차익을 전제로 하지 않는 한 주식투자의 묘미가 없어지는 것도 사실이다. 따라서 배당금이 2～3엔 늘더라도 현재의 투자수익률 면에서 보면 극히 보잘것 없는 차이에 불과하다. 그러나 배당을 증가시키면 그 기업의 수익전망이 양호하다는 것을 주가가 평가하여 상승하는 일은 있다. 이 점에서는 이윤증권으로서의 투자가치를 인정하고 있는 것도 사실이다.

그러나 실제의 주식시장에서는 신중하게 기업의 실적내용이나 장래의 성장성을 조사하여 선정한 종목보다도 M&A와 같은 루머로 주가가 급등하거나 언제 실현될지 모르는 그러한 테마로 선정한 종목 쪽이 큰 폭 상승하는 케이스가 많이 있다. 즉 기본적으로는 펀더멘 틀(기초적인)한 분석결과와 주가가 정반대 방향으로 지속적으로 움직이는 일은 없으나 그보다도 투자가의 기대라던가 불안과 같은 심리적인 요인에 의해 주가가 필요 이상으로 급등락하는 것을 알 수 있다. 그 결과 일반적으로 발표되어 있는 기업정보보다도 이상한 내부자 정보, 즉「귀에 솔깃한 정보」를 찾는데 쓸데없는 노력을 하게 된다. 비록 그것이 최신정보라 하더라도 많은 사람들에게 알려지고 나면 그 후에도 주가가 계속 상승한다는 보장은 없다. 더구나 이미 주가가 그 재료를 다 반영한 경우 그것이 정식으로 발표되면 오히려 그것으로 재료가 다 노출된 것으로 간주하여 주가는 하락세로 돌아서고 만다.

이와 같이 넘쳐 흐르는 정보에 현혹되어 자주 상투잡이를 맛보는 사이에 주식투자를 하는데 있어 특히 단기매매를 하는 데 얼마나 타이밍을 잘 포착하는 것이 중요한 것인지를 깨닫게 된다.

최근 이 장세 타이밍을 포착하는 데는 주식시장에서 얻을 수 있는 주가와 거래량 등의 통계적인 지수를 차트화하여 그 중에서 유형화된 패턴이나 추세를 분석하여 이후의 움직임을 예측하는 차트 리딩(chart reading)이 유효하다고 한다. 이러한 분석방법을 펀더멘틀 분석방법과는 별도로 테크니컬 분석이라 부르고 있다.

기껏해야 차트 그래도 차트

펀더멘틀한 분석을 중시하는 사람들에게 있어 기술적인 분석은 그다지 평판이 좋지 않다. 일본의 경우에는 쌀(米)거래 시대부터 전해져 왔다고 하는 음양족(陰陽足), 현재 일반적으로 흑과 백의 막대 도표로 표시되는 「일본식 차트(괘선)」는 상품거래나 금융선물 딜러들이 애용하고 있는데 이것을 분석하는 사람들에 대한 평가는 아직 낮다.

미국에서도 최근에 테크니컬 애널리스트에 대한 평가가 높아지긴 했으나 그래도, 현재 월 스트리트에서 가장 성공한 펀드 매니저의 한 사람인 조지 소로스는 『테크니컬 분석은 시장의 패턴 및 주식의 수요와 공급을 조사한다. 이 분석은 확률의 예측이라는 점에서는 확실히 메리트가 있지만, 실제의 사건 전개를 예측하는 데는 그다지 유효하지 않다. 또 이 분석의 이론적 기반에는, 주가는 수요와 공급에 의해 결정된다고 하는 전제와 장래를 예측하는 데에는 과거의 경험이 중요하다고 하는 전제밖에 없다.』라고 그의 저서 《장세의 마음은 읽는다》에서 말하고 있다. 아마 일본의 기관투자가의 펀드 매니저들도 거의 이와 같은 인식을 갖고 있다고 생각해도 잘못은 없을 것이다.

그러나 초장기운용(超長期運用)에 철저한 연금기금의 운용자나 영업상 정책적인 주식상호보유를 담당하는 부서는 물론 특정금전신탁과 같이 반년 또는 일년의 성적으로 평가받는 단기운용을 하는 펀드 매니저에게 있어 실제로는 이렇다 할 이유가 없지만 수개월 단위로 30％ 이상 등락을 반복하는 주가동향을 간과할 수는 없다. 물론 일반 주식투자의 경우에도 이 주가의 리듬을 포착하는 것을 생각할 것이다. 이 주가의 고저는 숫자의 나열로 보는 것보다 주가 차트를 보는 쪽이 알기 쉽다. 차트 리딩은 과거의 주가가 그려진 리듬 및 패턴을 분석할 뿐만 아니라 더 나아가 그 주가가 이후 어떠한 움직임을 보일 것인가를 예측하려고 한다. 즉 단지 과거의 움직임을 「볼」
뿐만이 아니라 장래의 움직임을 「읽는」 것을 가리키고 있다.

개별 기업에 대해 아무리 질이 좋은 펀더멘틀적인 정보를 얻었다
하더라도 『그러면 지금 그 종목의 주가는 얼마입니까?』라고 묻지
않는 투자자는 없다. 게다가 그 종목의 주가수준이 과거 최고치와
최저치에 비해 어떤 위치에 있는가를 알고 싶다고 생각하게 되면 이
미 투자 타이밍에 관해 관심을 나타낸 것이 된다. 이어서 최근의 거
래량 추이를 조사하게 되면 이미 차트리딩 분야에 한 발짝 들여 놓
은 것이 된다.

실적동향에 투자 포인트를 두는 펀드 매니저라 하더라도 실제로는
주가 그래프를 게재한 차트북을 가까이 두고 끊임없이 눈을 돌리고
있는 것이다.

2. 차트 분석의 종류

주가 이외의 지표도 대상에

주식시장에서 온갖 입장의 사람들이 같은 조건으로 게다가 리얼타
임으로 입수할 수 있는 유일·최대의 정보, 그것이 주가이다. 다만
이 사실을 뒷받침하는 주가라는 정보는 안 다음 순간에는 벌써 변화
하고 있다. 주가는 끊임없이 유동한다는 인식이 차트리딩을 하는 데
중요한 포인트가 된다. 시세라는 다이내믹한 것을 어떤 시간의 정적
인 상태에서 포착하고 그것을 기억해 가는― 즉 시세가 그리는 발자
취를 끊임없이 기록한 것이 차트이다. 차트는 『남들이 무엇을 했는

가』를 명확히 알려준다. 차티스트들은 이것을 기초로『남들이 무엇을 하려고 하는가』를 읽으려고 한다. 왜냐 하면『주식장세의 세계에서는 놀랄 정도로 역사가 반복되고 있기 때문이다.』라고 그들은 대답한다. 따라서 현재 컴퓨터의 도입에 의해 분석능력은 비약적으로 향상되었으나 테크니컬 분석의 기본은 과거의 주가 패턴과 트렌드(추세)를 분석한다는 생각에서 벗어날 수는 없는 것이다.

테크니컬 분석방법에는 주가 움직임 그 자체에 비중을 두는 방법과 주식시장에서 통계적으로 얻을 수 있는 다른 지표를 중시하는 방법이 있다. 주가 이외의 지표로서는 예를 들면 거래량, 시장의 매매 체결률, 상승 종목수와 하락 종목수의 누적차수(累積差數)를 표시하는 등락지수 또는 연초 이래의 신고가 및 신저가 종목수와 같은 지표가 있다. 그러나 거래량을 제외하면 이들 지표의 대부분은 주식시장 전체동향을 분석하는 데 이용되는 지표이다. 개별종목을 분석하는 경우에는 주가와 거래량 이외에 주가지수 및 업종별 주가지수와 개별종목의 주가가 상대적으로 어떠한 움직임을 보이고 있는가를 분석하는 방법이 있다.

주가의 변화만을 이용하는 차트에는 일봉(日棒)·주봉(週棒)·월봉(月棒)·연봉(年棒)과 같은 주가의 고저를 시계열적(時系列的)으로 기입하는 시계열 차트와 주가가 어느 일정한 변동을 한 때에만 기입하는 비시계열 차트가 있다. 비시계열 차트에는 예를 들면 미국식의 P&F(Point and Figure) 등이 있다.

현재 가장 보편적인 차트에는 주가를 어느 정도 가공하여 지수화한 것을 실제 주가와 병행하여 차트화한 이동 평균선이 있다. 이것도 시계열 차트의 일종이라고 보아도 무방하다. 1950년대에 미국식 차트로서 일본주식시장에 처음 등장했을 때에는 대단한 인기를 모았다. 그러나 이 주가 이동 평균선도 만능 차트가 아니라는 것이 시간이 흐름에 따라 이해되기 시작했다.

주가파동에 대해서는 다우식 평균 주가의 고안자로 다우존스 파이낸셜 뉴스서비스사의 설립자이기도 한 찰스 H. 다우(Charles H. Dow)에 의해 주가의 장·단기 파동이 처음으로 체계적으로 분석되었다. 이어서 현재도 월 스트리트의 차티스트들에게 신봉자가 많은 R. N. 엘리어트의 파동원리가 저명하다. 특히 엘리어트의 주가 장기 사이클은 경기순환의 곤드라디에프 사이클이나 주글러 사이클과 거의 같은 규모와 성격을 갖고 있어 이것이 경기순환론 신봉자의 주시의 대상이 되었다. 더욱이 이탈리아의 수학자 피보나치는 가산급수(加算級數)를 사용하여 파동을 세분화하여 수학을 좋아하는 이론가를 매혹시켰다. 그러나 너무나도 그 변형이 많아 그의 사후 그 이론을 계승하고 있던 분석가들도 여러 파벌로 갈라져 끊임없는 의견대립을 보이고 있다.

만능인 차트는 없다

그 발상의 원점에서 말하면 일본식 차트인 음양족(陰陽足)은 간단하지만 요점을 나타내고 있다. 불과 하나의 선에 고가·저가·시가·종가를 기입하고 그 후의 움직임을 화살표로 암시시키는 차트를 고 있노라면 감탄하지 않을 수 없다. 이 화살표가 현재는 흑·백의 막대모양으로 개선되었지만 그 읽는 방법은 변하지 않았다. 물론 하나의 막대로 장래의 움직임을 100%의 확률로 예측한다는 것은 불가능하다. 따라서 그 하나의 막대 모양의 차이, 또는 2~3개의 조합, 그리고 그 조합이 나타내는 장세의 위치 등, 거의 무한대에 가까운 변형과 패턴을 익히지 않으면 안 된다. 더욱이 그것을 전부 마스터하여 기억하기만 하면 되는가 하면 그렇지도 않다. 이것저것 신경쓰다보면 너무 지엽말단적인 면에 구애받아 큰 장세의 흐름을 놓치게 되어 버린다.

이러한 일본식 차트의 복잡한 변화에 비하면, 미국식 주가이동 평균선은 확실히 합리주의적인 발상법이 담겨있어 일반투자가도 쉽게 알 수 있게 되어 있다. 강세 4개법칙과 약세 4개법칙에 의해 매입과 매도신호를 읽을 수 있게 되어 있다. 즉 8개의 변화를 마스터하기만 하면 되는 것이다.

그러나 이 주가이동 평균선을 실전에 적용하여 보면 투자성과는 그다지 좋지 않다. 어느 대표적인 우량주의 과거 십수년간에 걸친 주가 움직임을 이용하여 시뮬레이션을 해보았으나 그 매매신호의 신뢰도는 낮았다. 특히 매도신호의 경우는 그 후 매도가보다 높은 가격으로 되사게 되어 마이너스인 예가 많다. 왜냐 하면 주가이동 평균선은 어디까지나 실제주가의 움직임에 대해 후행하고 있어 장기적으로는 우상승(右上昇)을 계속하는 주가의 일시적인 하락장면에서 후행하여 매도신호를 내지만 이미 실제 주가는 바닥을 치고 반등세로 돌아서 있기 때문이다.

후행성을 조금이라도 축소시키기 위해 이동 평균선의 일수를 단기간으로 하면 작은 주가의 변화에도 영향을 받아, 이것도 효과가 적다. 그러나 닛케이 평균주가와 같은 인덱스의 단기 25일 이동 평균선과 일일선(日日線)과의 과거의 반전장면을 분석하여, 위로 3%이상 괴리(乖離)되면 초단기적인 반락이 있을 것이라는 정도의 예측에는 이용할 수 있다.

어쨌든 테크니컬 분석의 대부분은 그것이 개별종목의 차트인 경우 주가가 아직 상승도중에 있는 것인지 또는 하락세로 돌아선 것인지를 아는 것은 가능하다. 시장전반의 동향에 대해서는 꽤 많은 선행지표가 개발되어 주식장세가 이미 과열권에 가까워지고 있는 것인지 또는 침체권에 들어가 있는지는 알 수 있다. 그러나 미리 천장이나 바닥의 시기 및 수준을 예측하는 것은 불가능에 가깝다. 즉『시세는 시세에 물어라』라는 격언대로 시장이 시시각각 알려주는 지수의 변화에서 장세의 전환을 재빨리 포착하기 위한 시료로서 테크니컬 분석을 이용해야 할 것이다.

테크니컬 분석에 대해서는 그 입문서에서부터 전문적인 해설서에 이르기까지 수많은 책이 소개되고 있다. 이 책에서는 테크니컬 분석에 관한 개략을 설명하는 데 그치고 필자가 장세의 중기전환을 예측하는 수법으로서 실제로 사용되는 타이밍 인디케이터(timing indicator ; T. I)의 작성방법과 실제 응용예에 관하여 해설하기로 한다.

3. 중기적인 전환점을 읽는다

주가의 기세를 분석한 코폭

장세의 중기적인 전환점을 포착하기 위해서는 모멘텀(momentum) 분석이 비교적 유효하다. 모멘텀 분석이란「기세(氣勢) 분석」이다. 주가가 상승하고 있더라도 상승률이 둔화되면 주가상승의 「기세」가 꺾이고 있는 것으로 좀 더 이러한 상황이 지속되면 주가는 곧이어 하락세로 돌아서게 된다. 이러한 주가가 그리는 인력(引力)에 대한 포물선과 같은 자취를 분석하여 매매 타이밍을 포착하려고 하는 발상은 오래 전부터 차트리딩에 응용되어 왔다.

미국의 증권분석가인 코폭은 이러한 발상에 의거 독자적인 「코폭의 매입지표」라는 것을 만들었다.

증권가치에 대한 상대적인 저가감과 고가감에 의해 주가가 움직인다라는 생각도 있으나 주가의 움직임에 대한 강약감은 주가수준 그 자체로부터도 큰 영향을 받기 쉽다. 즉 주가수준이 상대적으로 높아지게 되면 시세차익 찬스를 기다리고 있던 투자가는 『더 상승하지 않을까』라고 생각하여 팔기를 주저한다. 만일 시세차익을 챙긴 투자가도 매도 후에 주가상승이 계속되면 장세에 빨려들어 재투자를 하게 된다. 또 매입기회를 놓친 신중한 투자가도 이번에는 놓치지 말아야지 하고 매입에 나선다. 이렇게 해서 장세의 상승세는 새로운 매입수요를 창출한다.

반대로 주가수준이 상대적으로 낮아지기 시작하면 투자가는 주가가 더 내리는 것이 아닌가 하는 불안에 빠져 손해를 적게하기 위해 매도에 나서고 저가매수 찬스를 기다리고 있던 투자가도 장세하락에 이끌려 오히려 매도로 돌아서기 시작한다. 이렇게 해서 장세의 하강 그 자체가 매도 공급을 늘린다. 이러한 움직임은 일반적인 가격 메커니즘의 반대이다. 이것은 『악재로 바닥을 치고 호재로 천장을 친다.』라는 주가특성에서 보아 당연하다고 할 수 있을지 모른다. 어쨌든 주가수준 그 자체에서 주식의 수급관계가 발생하고 이 수급관계 그 자체가 새로운 주가를 형성시켜간다는 메커니즘이 성립한다. 이

러한 생각은 『시세는 시세에 물어라』라는 차티스트들의 발상법이기
도 하다.

신뢰도가 낮은 매도신호

코폭은 이러한 생각을 배경으로 주식시장에는 거의 1년 단위의 투
자를 목적으로 하는 투자가의 비중이 높아져 중기적인 장세동향에
상당히 큰 영향을 미친다는 것을 감안하여 뉴욕다우지수 월간 평균
이 전년 동월대비 등락률을 과거 10개월간 거슬러올라가 가중누계하
여 이것을 1~2년 단위의 장세의 매입신호로 이용하려 했다. 가중누
계를 한 이유는 역시 최근의 주가동향이 가장 큰 영향을 주고 시간
이 흐름에 따라 그것이 약해진다라고 생각했기 때문이다.

코폭 매입지표의 산출은 다음 수식에 의한다.

R_t = 월중 평균주가의 전년 동월대비 등락률

I_t = 당월의 월중 평균주가

I_{t-12} = 전년 동월의 월중 평균주가

C_t = 코폭 매입지표

$$R_t = \left(\frac{I_t}{I_{t-12}} - 1 \right) \times 100$$

$$C_t = \frac{1}{10} \sum_{n=0}^{9} \left\{ R_{t-n} \times (10-n) \right\}$$

코폭에 의하면, 이 지수가 제로 라인(zero line) 이하의 수준에서
오름세로 돌아선 시점에서 「스트롱 굿 쿼리티 스톡(strong good
quality stock)」 즉 1류주를 몇 종목 사면 좋다고 한다. 일반적으로
강세장세의 초기에는 우선 우량주가 상승한다고 하는 것에서 보면

〈그림 7-1〉 코폭지수와 매입신호

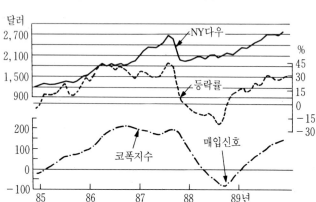

이 방법은 적절한 것이다.

이하 이 지수의 특성과 읽는 방법은 다음과 같다.

● 지표가 마이너스 국면에서 상승세로 돌아서면 제로 라인을 웃돌 때까지 상승세를 지속하는 경우가 많다.

● 지수가 플러스 국면에서 하락세로 돌아서면 제로 라인을 밑돌 때까지 하락세를 지속하는 경우가 많다.

따라서 이 지수를 이용하여 매매를 하는 경우는 ① 코폭 지수가 마이너스 존에서 오름세로 돌아서면 매입〈그림 7-1〉 ② 거꾸로 내림세로 돌아서면 매도하면 된다. 확실히 이 지표가 매입신호를 나타내는 점에서도 엿볼 수 있듯이 지수가 마이너스 존에 머물고 있는 기간보다도 플러스 존에 머물고 있는 기간이 길기 때문에 일시적인 굴절장면이 많아 매도신호로서는 신뢰도가 떨어진다. 과거 10개월간의 이동 누계를 사용하고 있기 때문에 상승뿐만 아니라 하락장세의 경우에도 그것이 장기화하면 이른바 속임수라 불리는 일시적인 반전에 의해 투자성과는 현저하게 감소된다.

정확도 높은 T. I 매입신호

코폭 매입지표의 산출방법은 컴퓨터에 그 소프트웨어를 짜넣기만 하면 되지만 일반투자가에게는 약간 복잡하다. 그래서 전년 동월대비 주가등락률과 그 12개월 이동 평균선을 그래프에 병기하여 전년 동월대비 등락지표가 마이너스 존에서 12개월 이동 평균선을 밑에서 위로 돌파한 크로스 시점을 매입신호로서 실제 주가동향에 적용시켜 보았다. 이것이 타이밍 인디케이터(T. I)이다. 이 경우에도 주기는 장기적으로 우상향(右上向)으로 상승하고 있기 때문에 지수의 플러스 존에서는 일시적인 굴절이 너무나도 많아 매도신호로서는 거의 도움이 되지 않는다는 것이 판명되었다. 그러나 가능한 한 추세적인 상승을 억제하기 위해 전종목 단순평균주가를 이용하여 1971년 이후의 T. I 지수에 의한 매입신호의 시현과 그 후의 주가동향을 조사해 보면 1989년까지의 18년 사이에 8회의 매입신호를 시현하고 있는데 이 중 1974년 5월의 신호를 제외하면 실로 타이밍이 좋은 매입신호를 시현하고 있다〈그림 7-2〉.

1974년은 오일 쇼크에 의해 일본 경제가 핀치에 몰렸던, 최근으로서는 가장 규모가 큰 약세장세로 과거 20년간에서는 T. I지표가 마이너스 존에 장기간에 걸쳐 체류한 시기이다. 따라서 과거 1년간의 전년 동월대비 등락률과 12개월 이동 평균선을 기초로 하여 거의 상승 2년, 하락 1년이라는 3~4년을 한 사이클로 하는 중기의 장세전환을 포착하는 것을 목적으로 하락 T. I지수로서는 그 유효성이 상실되었다고 해도 어쩔 수 없을 것이다.

〈그림 7-2〉 T. I의 매입신호
(1971년 이후)

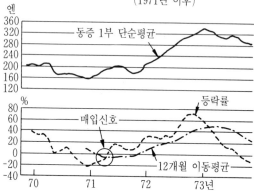

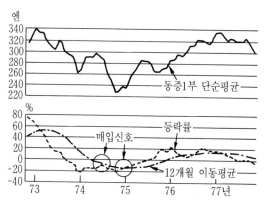

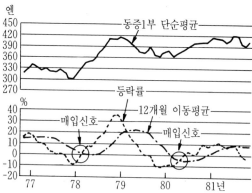

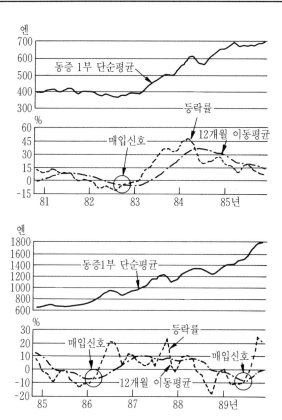

한편 코폭 매입지표와 T.I를 개별종목의 중기적인 전환지표로서 이용하는 것도 불가능한 것은 아니지만 개별종목의 경우는 종종 주가 움직임이 변칙적인 케이스가 많고 매입신호를 시현하는 횟수가 너무 적기 때문에 실전에는 별로 도움이 되지 않는다. 결국 이러한 모멘텀 분석은 주가지수(인덱스)와 같이 연간변동이 30~60% 정도의 정상적이고 3~5년 주기로 상하순환(上下循環)을 하는 것에 최적인 지표라 할 수 있다.

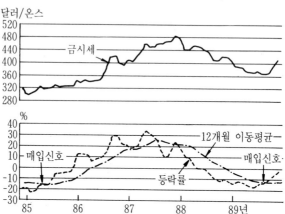

〈그림 7-3〉 금시세와 T. I(COMEX)

금값 예측에도 유효

다음으로 이 T. I를 이용하여 최근의 금시세 · 엔화시세 · 뉴욕다우 지수의 동향을 실제로 분석해보기로 하자.

금시세는 달러 베이스로 보는 한, 1980년대에 들어 1983~87년의 2회에 걸쳐 500달러(1트로이 온스) 전후까지 폭등하였다. 이 사이 의 바닥은 1985년 5월의 286달러대이다. 최근의 시세는 1989년 9월 에 359. 20달러이다. 즉 거의 5년 사이에 크게 상하로 한번 순환을 끝내고 있다. 따라서 모멘텀 지표로서는 비교적 취급하기 쉬운 대상 이라 할 수 있다.

실제로 1984년 말부터 1989년 말에 걸친 T. I 그래프〈그림 7-3〉에 서도 알 수 있듯이 1985년 4월과 1989년 9월에 전년 동월대비 등락 지수가 마이너스 존에서 12개월 이동 평균선을 밑에서 위로 상향 돌 파하며 교차하고 있어 실로 타이밍이 좋은 매입신호를 나타내고 있

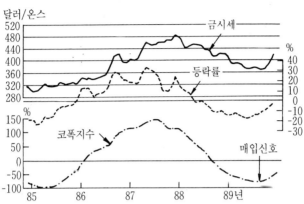

〈그림 7-4〉 금시세와 코폭지수(COMEX)

다.

다음으로 금시세 코폭 매입지표의 매입신호도 마이너스 존에서 1989년 7월을 바닥으로 반전하고 있고, 이 반등장세가 완전히 새로운 상승장세로 전환되어 있다는 것을 알리고 있다〈그림 7-4〉.

다만 금시세는 한편으로 「불안한 바로미터」라 불리고 있다. 세상이 불안한 상황이 되면 금가격은 상승하기 시작한다. 또는 세계적인 인플레이션의 전조가 되는 경우도 있다. 거꾸로 세상이 안정되어 있을 때에는 금가격도 저수준에서 안정되어 있다. 금시세의 반등은 주식시장에서 비철주(非鐵株) 등이 상승하는 계기가 되지만 「불안한 바로미터」라는 면에서 보면 금가격의 상승은 주식시장 전체에서는 결코 즐거워할 일만은 아니다. 물론 원유가격의 급등에 비해서는 문제가 적기는 하나, 금가격의 상승은 이후의 주식장세를 보는 데 「칼의 양날」로서 주목해야 할 것이다.

엔화시세 예측에서도 좋은 성적

다음으로 엔화시세의 T.I와 코폭의 매입지표를 분석해보기로 하자.

엔화시세가 고정환율제에서 본격적인 변동환율제로 바뀐 것이 1973년 2월이니까 모멘텀 지수로서 이용할 수 있는 것은 1976년 이후가 된다. 엔화시세는 거의 3~5년 주기로 상하순환을 계속하고 있기 때문에 T.I지수와 코폭 매입지표로서 중기적인 매입 타이밍을 포착하기 쉽다.

T.I지표에 의한 1976년 이후의 엔화세의 매입신호는, 우선 1976년 7월, 엔화시세가 300엔 전후의 수준에서 나타나고 있다. 엔화는 그 후 1978년에 180엔 전후까지 상승하였다. 다음은 1980년 3월 250엔 전후의 수준으로 이것은 1981년 1월의 190엔대에서 재차 엔화약세로 전환되고 있다. 1982년의 매입신호는 260엔 전후에서 시현되었는데 이 경우는 일시적으로 220엔 가까이까지 엔화강세가 되었으나 그다지 유효하지 않았다. 이것에 비하면 1985년 4월, 엔화시세가 260엔대에서 시현한 매입신호야말로 모멘텀 지표의 특색을 남김 없이 발휘한 절호의 매입신호라 할 수 있을 것이다〈그림 7-5〉.

엔화시세는 1988년에는 두 차례에 걸쳐 120엔대까지 상승하고 금리는 큰 폭으로 인하되어 일본 주식시장은 사상최고의 금융장세를 전개했다. 그러나 1989년에 들자 엔화시세는 대다수의 예상과 달리 서서히 약세로 돌아서기 시작했다. 아니 오히려 달러가 강세로 돌아서기 시작했다라는 표현이 더 적절할지 모른다.

하지만 재정적자와 무역적자라는 「쌍둥이 적자」를 안고 있는 달러

가 급등한다는 것은 생각하기 어렵기 때문에 엔화시세는 1989년 후
반에 들어 140엔을 중심으로 거의 10엔폭의 범위에서 박스권을 형성
하고 있다.

한편 T. I지표, 코폭의 매입지표는 1989년 2~3월에 마이너스 존
에 들어가 있고 1990년 4~6월 이후의 엔화시세 동향 여하에 따라
서는 오랜만에 엔화매입, 달러 매도 신호를 시현할 가능성이 높아지
고 있다〈그림 7-5, 6〉.

무시된 뉴욕다우 매입신호

뉴욕다우 지수의 모멘텀 지표는 1988년 10월에 전형적인 강세의
매입신호를 시현하였다. 이것은 1985년 1월 이래 약 4년만의 매입
신호였다.

때마침, 이 1989년 11월에 도쿄에서 국제 테크니컬 애널리스트
연맹 주최로 세미나를 열고 있었다. 그런데 강사로 초빙된 유럽이나
미국의 저명한 테크니컬 애널리스트들은 이 세미나에서 『뉴욕시장뿐
만 아니라 선진 주요국의 주가지수의 태반은 아마 1989년 3월경에는
1987년의 블랙 먼데이 때의 수준까지 급락할 것이다.』라고 말했
다. 그 논거가 된 데이터에 관한 상세한 사항은 여기에서는 생략하
기로 한다. 그해 6월에 전미(全美) 테크니컬 애널리스트대회에 출
석했을 때에도 도중에 만난 월 스트리트의 테크니컬 애널리스트들은
일반 애널리스트들에게 뒤떨어지지 않을 정도로 비관의 극한에 있
어, 그 이야기를 듣고 있노라니 필자도 전도가 어둡게 보이는 것이
었다.

그 당시는 1987년의 블랙 먼데이 폭락의 패턴을 1929년의 대폭락

〈그림 7-5〉 엔화시세와 T. I
(1976년 이후)

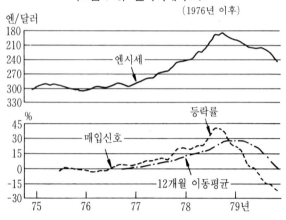

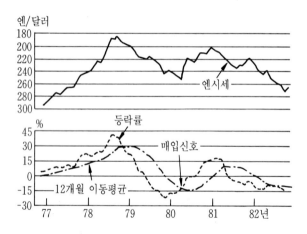

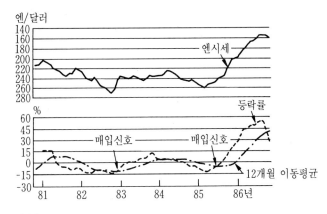

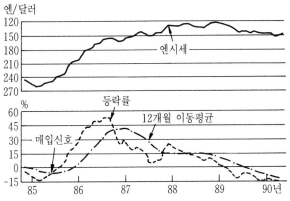

〈그림 7-6〉 엔화시세와 코폭지수

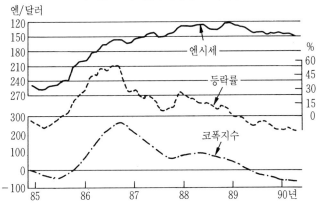

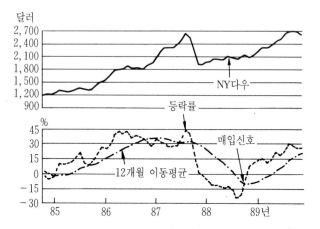

〈그림 7-7〉 뉴욕다우 지수와 T.I

의 패턴에 적용하여 일시적으로 최초의 하락치에서 3분의 1정도 반
등한 주가가, 재차 큰 폭으로 하락해갔던 그 때의 초약세장세를 연
상하고 있었기 때문일 것이다. 역시 이 점이 테크니컬 분석이 과거
의 경험영역을 벗어나지 못한다고 하는 이유일 것이다. 물론 폭락
후 6개월만에 제일 먼저 사상 최고치를 경신한 도쿄시장에 대해서는
다만 불가사의하다고밖에 비쳐지지 않는 듯이 『다음 번 선진국 주가
폭락의 계기는 도쿄시장이다.』라고 단언하고 있었다.

　이와 같은 상황하에서 T.I지표는 뉴욕시장에 대해 4년만의 강세부
호를 시현 〈그림 7-7〉, 그것도 실로 멋진 매입신호임에도 불구하고
모멘텀 지표는 끝내 햇빛을 보지 못했다.

　확실히 상승을 지속하고 있다고는 하지만, 뉴욕시장도 M&A에
의한 매입수요를 제외하면 실질적으로는 에너지가 부족한 시장이
다. 그러나 이유야 어떻든 뉴욕다우지수가 사상 최고치를 경신한 것
은 사실이고 월 스트리트의 테크니컬 애널리스트들이 이와 같이 간

단명료한 모멘텀 지표의 움직임을 무시한 상처는 크다. 복잡한 지표가 반드시 확률이 높은 지표라고는 할 수 없는 것이다.

4. 대장세를 포착하는 박스권 이탈

박스권 장세에서는 역행투자를 하라

일본의 장세격언 중에 『보합장세는 주시하되 대장세만 타라.』라는 것이 있다. 이 장세격언만큼 의미가 깊고, 또한 감칠 맛이 있는 장세격언은 없는 것같다.

우선 『보합장세는 주시하되』라는 말이 좋다. 보합장세란 유럽이나 미국식으로 표현하면 박스권 내에서 일진일퇴를 거듭하는 장세를 말한다. 즉 어느 종목의 주가가 800엔의 저항선과 500엔의 지지선 사이에서 장기간 일진일퇴하고 있는 그러한 상황을 가리키고 있다. 이 경우는 주가가 500엔에 가까워지면 매입하고 800엔에 가까워지면 팔아치운다는 것이 된다. 그러나 실제로는 그렇게 쉽지 않다. 오르면 사고 싶고 내리면 불안해져 팔고 싶어진다. 따라서 「주시하되」란 이러한 투자가의 심리와는 반대 행동을 취할 것을 시사하고 있다.

즉 「역행투자」를 하라는 것인데, 이것은 말하기는 쉬우나 좀처럼 실행하기는 어려운 것이다. 보합장세란 크게 움직이더라도 1년사이에 50%~80%의 범위 내에서 상하 반복하고 있는 장세를 가리키는 것으로 이러한 경우는 조금이라도 늦으면 이미 시세차익을 노릴 찬스가 없어져 재차 매입가격을 웃돌 때까지 오랜 기간 참지 않으면 안 된다. 따라서 이러한 보합장세란 시황환경이나 그 종목의 실적에 큰 변화가 없는 그러한 상태에서 주가만이 일정한 범위내에서 움직이고 있기 때문에 주가의 움직임만을 주시하는 테크니컬 분석에 의해 매매 타이밍을 포착할 수밖에 없다. 어쨌든 고생만 많고 투자묘미가 적은 장세이다.

대장세에서는 순응투자를 하라

한편『타는 것은 대장세에서만』의「타는 것은」장세의 기세에 이끌려 매입해가는, 소위 보합장세가 역행투자를 하지 않으면 안 되는 데 비해 순응투자를 해도 좋다는 것을 의미하고 있다. 즉 순응투자를 하더라도 장세가 크게 상승하는 그러한 대장세를 기다려 매입에 나서라는 것이다. 이것을 유럽이나 미국식으로 해설하면 박스권 이탈이야말로 매입 타이밍으로, 주가 그래프를 보면 과거의 장기간에 걸친 저항선을 거래량의 기록적인 증가를 수반하면서 위로 크게 이탈하는 상황을 가리키는 것이다.

이러한 대장세를 차트로 보면 일본식 차트에서 말하는「창(窓)」이 비어 있다는 것으로, 즉 전일의 종가에 대해 익일의 시초가(始初價)가 최고가를 기록하고 그것이 하루종일 그대로 유지되는 상황으로 단기간에 창을 메꾸는 상황이 벌어지지 않는 주가의 상승 에너지를 가리킨다.

트렌드 분석에서도 이러한 주가의 움직임을「갭(Gap)」이라 부르는데, 갭이 나타나는 장소와 거래량 동향 등에 따라 몇 가지로 분류하고 있다. 통상의 갭과는 달리 수년간에 걸친 저항선을 수일, 수주일 전부터 거래량을 수반하면서 도전하고 그 후 갑자기 주가가 급상

〈그림 7-8〉 초강세장세를 나타내는 돌파 갭

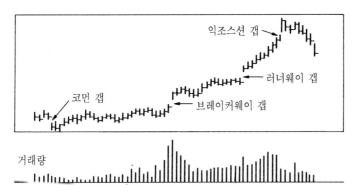

승하는 경우는 돌파 갭(Breakaway Gap)이라 하여 초강세장세 신호로 보고 있다〈그림 7-8〉. 아마 트렌드 분석 중에서도 실제로 도움이 되는 것은 이 갭의 분석이 가장 효과적이라 할 수 있을 것이다.

『보합장세는 주시하되 대장세만 타라』란, 한편으로는 작은 장세는 상대하지 말고, 타도 좋은 그러한 대장세에만 출동하라고 가르치는 것 같은 느낌이 든다. 그런데 역행투자를 할 수 없는 투자가가 공전의 대장세를 전개하고 있는 주가를 보고 매입에 나설 수 있을지가 의문이다. 30% 정도 상승하면 아이구 좋아라 하고 매도에 나서고 배라도 뛰면 너무 기뻐서 어찌할 바를 몰라 팔아치우고 나면 주가가 3배, 5배 상승하는 예가 너무나도 많은 것은 아닌지 모르겠다.

5. 실례로 보는 「타는 것은 대장세」

전형(典型)은 80년대 후반

이와토 경기라 불리는 1950년대 후반의 상승장세에서는 혼다(本田)기연이 불과 3년 사이에 185엔이었던 주가가 1,350엔으로 상승하였다. 1965년 이후의 이자나기 경기에서도 역시 다이와(大和)하우스가 3년 사이에 111엔에서 1,847엔으로 10배 이상의 상승을 보였다. 물론 이 두 종목 이외에도 후지쓰(富士通), 소니, 이토추(伊藤忠)상사와 같은 종목도 대장세를 시현하였다. 이 시대는 일본 경제의 고도성장기로 이른바 성장주 투자가 화려한 각광을 받던 시대이기도 했다.

그러나 그 후 돌변하여 오일 쇼크에 휩싸인 1975년 이후의 마이너스 성장기에서도 국민적인 열망을 배경으로 에너지 관련주가 상승하였는데, 2년이 채 못되는 사이에 데이코쿠(帝國)석유는 383엔에서 1,460엔으로, 니혼(日本)석유도 618엔에서 2,480엔으로 상승하였다. 곧이어 오일머니가 유입되고, VTR와 하이테크 시대를 맞이하여 니혼빅터(JVC), 로봇 메이커인 화낙사가 시장의 인기를 모았다. 이러한 마이너스 성장, 안정성장의 시대에도 대장세를 시현한 종목이 속출했으나 뭐니뭐니 해도 1980년대 후반에 전개된 금융장세만큼 스케일이 큰 장세는 과거에 그 예를 찾아볼 수 없었을 뿐만 아니라 앞으로도 당분간 재현될 가능성이 없을 것 같은 느낌이 든다. 즉 일본을 대표하는 국제적인 대기업의 주가가 불과 2~3년 사이에 5~6배나 급등하는 그러한 시대는 지난 것 같다.

그 중에서도 원유가 하락과 엔화강세, 역사적인 금리하락이라는 3저 혜택을 크게 받은 도쿄전력의 주가상승 패턴은 참으로 50년에 한 번 있을까 말까 한 대장세라 해도 좋을 것이다. 즉 다시 원유가격이 몇 배 급등하고 그 후 역오일 쇼크로 원유가격이 급락하는 그러한 사태가 일어날 때까지 도쿄전력이 지난 번과 같은 대장세를 전개하는 일은 아마 없을 것이다.

박스권에서 급상승한 도쿄전력

도쿄전력의 주가는 1983년까지 장기간에 걸쳐 거의 500엔(액면 500엔)에서 1,000엔의 박스권을 형성해 왔다. 물론 이 사이에 소폭 증자를 계속하여 투자가의 보유주식은 증가해 있었고, 저율이기는 하나 액면에 대해 10% 배당을 계속해 왔다. 상대적으로 보아 수익률도 결코 나쁘지는 않았다. 즉 초장기보유의 자산주로서는 안성맞춤인 종목이었다고 할 수 있을 것이다.

이 도쿄전력의 주가가 그 때까지의 사상 최고치인 1,200엔(1978년 3월)을 기록적인 거래량을 수반하며 웃돌기 시작한 것은 1984년에 들어서 부터이다. 우선 이 중요한 돌파 갭이라 보여지는 대장세의 스타트는 원유가격의 하락안정이 계기가 되고 이어서 1985년에 들어서부터 시작된 급격한 엔화강세가 박차를 가했던 것이다〈그림 7-9〉.

도쿄전력의 경우, 원유가격이 1배럴에 1달러 움직이면 220억 엔, 환율이 1달러에 1엔 움직이면 40억 엔의 수익변동요인(1989년도 베이스)이 있다고 하는만큼 그 메리트 얼마나 큰가를 알 수 있

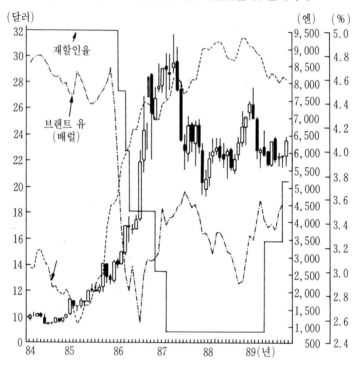

〈그림 7-9〉 도쿄전력의 주가와 재할인율 및 엔화시세

다. 게다가 1986년에 들어 재할인율이 5%에서 연속 인하되어 다음
해 2월에는 사상 최저인 2.5%가 되었다. 금리 메리트는 단기금리
가 1% 움직이면 연간 50억 엔, 장기금리가 0.1%에 20억 엔의 수
익변동요인이 있다고 하는 이 회사에 이것도 큰 호재였다.

이렇게 해서 1985년에 주가가 2,000엔까지 상승하고 이 수준에서
보합세를 유지하던 주가는 불과 2년이 채 못되는 1987년 4월에는
9,420엔까지 도중에 등락을 거듭하면서 상승세를 지속하였다. 이
도쿄전력의 경우 그 반공공사업(半公共事業)이라는 성격 때문에 수
익의 증가부분은 전력요금의 인하에 의해 소비자에게 환원하지 않으

면 안 된다.

따라서 아무리 고수익을 올렸다고 하더라도 주주로서는 배당증가라는 메리트를 얻게 되는 것도 아니고 유휴토지의 재활용에 따른 수익도 분배되는 것이 아니다. 따라서 수익이 급증할 것이라는 호재는 계기에 불과하고 그 배경의 태반은 초저금리 시대를 맞이한 결과 기관투자가 주도의 대금융장세에서 지표적인 종목으로서 매수세가 집중된 결과일 것이다. 즉 기관투자가에 있어 대량으로 매매가능한 최적격 종목이었기 때문이다.

그 후의 도쿄전력의 주가는 사상 최고의 실질이익 대폭증가 예상에도 불구하고 앞에서의 최고치를 대천장으로 붕락하기 시작했다. 직접적 요인은 원유가격의 바닥진입이지만, 금리의 바닥인식이 가장 큰 마이너스 재료가 되었다고 할 수 있을 것이다. 크게 무너진 주가는 반발하여 1989년 2월에는 7,870엔까지 반등하였으나 지지선 4,000엔, 저항선 6,500엔이라는 거의 2,500엔폭의 박스권을 형성한 후 1990년에 들어 재차 크게 하락하고 있다.

이렇게 해서 도쿄전력의「타는 것은 대장세」는 종말을 고하고 이후는 금리수준에 맞는 범위 내에서 일진일퇴하는「보합장세는 주시하되」라는 장세패턴을 형성하게 될 것이다.

6. 분산투자보다 집중투자

항상 최선의 종목을 보유도록

리스크를 피하기 위한 방법으로서는 일반적으로 분산투자가 행해지고 있다. 그것도 각 업종의 톱 클래스 종목을 거의 같은 금액을 밸런스 있게 사는 방법이다.

그러나 이 우량주에 대한 분산투자를 철저히 하면 그것은 바로 인덱스 펀드에 가까워지게 된다. 예를 들어, 만일 100개 이상의 종목에 분산투자를 하면 그 중의 한 종목이 100% 상승하더라도 다섯 종목이 20% 하락한 것만으로 그 성과는 사라지고 만다. 첫째, 100개 이상의 종목 관리는 거의 불가능하다. 만일 6종목으로 투자종목을 좁혀버리면 확실히 리스크는 커질지 모르지만 그 종목 하나하나의 동향에 주의를 기울이게 된다.

그 종목보다 더 좋은 조건에 있는 종목을 발견하면 그 6종목 중에 별로 전망이 좋지 않은 종목을 매도하면 되기 때문에 언제나 최선의 6종목을 보유할 수 있게 된다. 물론 자금이 적은 투자가는 분산투자를 하려고 해도 할 수 없는 경우가 있기 때문에 리스크 회피를 위해 분산을 한다면 전혀 타입이 다른 종목으로 구성하는 것이 좋을 것이다. 즉 환율 동향에서 반대로 움직이는 전기전자와 같은 수출산업과 전력주나 제약주와 같은 내수관련주와의 조합이다.

그러나 실적장세에서 설명한 바와 같이 시황국면에 따라서는 일관되게 후행주(後行株)에 순환매가 발생한다. 따라서 이 경우에는 어느 업종의 톱 종목에 집중투자하는 것보다는, 동일 업종중에서 분산투자를 하는 쪽이 투자효율이 높고 또한 리스크를 회피하는 데도 도움이 된다.

예를 들면 중전기의 경우에 히타치(日立)제작소, 도시바(東芝)와 같은 1류주 뿐만 아니라 후지(富士)전기나 야쓰카와(安川)전기 같은 2, 3류주까지 사는 것이 성과가 좋다. 이렇게 해서 불과 10종목

전후로 구성되는 하나의 업종에서 5종목만을 고르면 어떻게 된 셈인지 사지 않은 종목이 크게 오르는 것이다. 이것은 다분히 투자자가 브랜드 이미지로 종목을 고르기 때문일 것이다.

어려운 성장주에 대한 장기투자

1989년 4월 27일 경영의 신이라 불렸던 마쓰시타 고노스케(松下幸之助)씨가 94세의 나이로 사망했다. 마쓰시타씨는 경영의 신이었을 뿐만 아니라 마쓰시타 그룹의 총수로서 소유주식은 막대한 자산으로 일본에서도 굴지의 대부호였다고 할 수 있을 것이다. 그런데 그 날 마쓰시타전기의 종가는 2,470엔이었다. 마쓰시타 전기는 1949년 5월 16일에 70엔을 시초가로 전후 일본 주식시장에 등장했다. 이 주식을 당시의 매매단위 주식수인 100주를 사서 지금까지 가지고 있었다면 어떻게 되어 있을까.

여기서 하나의 시산(試算)을 해보면, 주식수에서는 이 100주가 14만 7,630주, 따라서 앞의 종가를 시가로 하여 누계하면 약 3억 6,465만엔이 되고, 또 연간 배당금은 147만 6,000엔이 된다. 게다가 이 사이의 액면유상증자 불입금은 같은 기간의 배당금으로 이를 충당하고도 오히려 남았다. 흑백TV에서 컬러TV, 그리고 VTR로 제2차 세계대전 전 후의 대형 성장상품을 모두 개발함과 동시에 탁월한 판매전략으로 소니와 나란히 시장점유율 제고경쟁을 벌인 성장기업이라는 특별한 케이스라고는 하지만 성장기업에 투자하여 장기간 지속적으로 보유하면 얼마나 큰 리턴을 얻을 수 있는가를 여실히 증명하는 최상의 실례라 할 수 있을 것이다.

성장주에 대한 장기투자야말로 주식투자의 왕도라는 것은 누구도

부정할 수 없을 것이다. 그러나 실제로는 이것도 말하기는 쉬우나 실행하기가 어려운 것이다. 우선 이러한 20년, 30년에 걸쳐 기술혁신과 사회의 변화를 극복하며 성장을 계속할 수 있는 기업은 유감스럽게도 한정되어 있다. 더욱이 오너 경영자였기 때문에 매각하지 않고 장기보유할 수 있었던 것이다. 아니 오히려 장기보유하지 않을 수 없었다고 해야 할 것이다.

또한 은행이나 생명보험 또는 주요 거래선과 같이 영업정책상 장기 보유하지 않을 수 없었던 투자가는 의도하지 않은 막대한 이익을 얻은 셈이 된 것이다. 그러나 일반투자가의 경우 과연 20년, 30년의 초장기보유가 가능한가 하면 아마 불가능할 것이다. 기껏해야 우리사주제도를 이용하여 어쩔수 없이 장기보유한 자사주(自社株)가 퇴직시점에서 뜻밖의 큰 이익을 가져다 주었다는 케이스가 예상될 뿐이다.

7. 성장주도 언젠가 순환주로

IBM주가 그 전형

소형 성장주도 언젠가 보통수준의 성장을 유지하는 안정된 대기업이 되 고 국제적으로도 우량기업이라고 인정받지만 주가는 장기간 고가권에서 박스권을 형성하게 되어 투자효율이 떨어지게 된다.

지금 주식투자에 관심이 없는 사람조차 IBM사의 이름을 모르는 사람은 없을 것이다. 컴퓨터 업계의 왕자 IBM은 일찍이 1950년대에 월 스트리트의 투자자들에게 대표적인 성장주였고 1960년대의 고고 펀드(go go fund)전성기에는 제록스사, 코닥사와 함께 성장주 투자를 선호하는 젊은 엘리트 펀드 매니저들의 집중투자로 1968년 6월에 그 주가는 375달러에 달했다. 당시의 환율 1달러에 360엔으로 계산하면 그 싯가총액은 15조 엔에 달했다.

이것은 당시의 동증 1부시장의 싯가총액 11조 6,000억 엔을 훨씬 웃돌고 있었다. 즉 IBM사의 매각대금으로 일본주식회사를 통째로 사고도 남으며 2부시장의 태반의 성장주도 취득할 수 있을 정도였다.

그러나 1990년 3월 20일의 IBM사의 수가는 108달러, 이깃을 그 시점의 발행주식수와 환율 154엔으로 시가평가하면 약 10조 엔이 된다. 엔화 베이스로는 확실히 마이너스이다. 반면에 동증 1부시장의 시가총액은 481조 엔에 달하고 있다. 물론 당시에 비해 신규상장 종목수가 증가하여 단순비교는 불가능하지만 그러나 어떠한 성장기업이라 하더라도 30년, 50년에 걸쳐 주가성장을 계속하는 것은 거의 불가능하다는 것을 입증하고 있다.

이렇게 보면, 역시 주식장세 4국면이라는 조류의 흐름을 타고 거기에 테마라는 계절풍의 순풍을 타고 있는 종목을 그때 그때 고를수만 있다면 최고의 투자성과를 얻을 수 있다고 할 수 있을 것이다.

8. 그룹별 주가로 보는 장세성격

등급·규모 등으로 분류

주식장세의 그때 그때 시황성격을 어떻게 포착할 것인가 하는 것

〈그림 7-10〉 그룹별 주가지수 개요

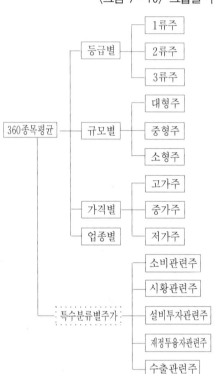

출처 : 닛코리서치센터

은 장세전체의 동향을 파악하는 데 있어서도 종목을 고르는 데서도 대단히 중요하다. 이 시황성격을 포착하는 데 있어 비교적 비슷한 성격을 가진 종목을 몇 종류의 그룹으로 나누어 그 주가동향을 분석하는 방법이 있다.

일반적으로 도쿄증권거래소가 발표하고 있는 28개 업종으로 나눈 업종별 주가라든가 자본규모별로 나눈 대형주·소형주 등의 지수가 그것으로, 닛케이 500종목 평균주가를 36개 업종으로 세분화한 업종별지수 등이 신문의 주식시황 해설란 등에 발표되고 있다. 그러나 더 세분화된 업종별 주가를 이용하기 위해 여기에서는 닛코(日興) 리서치 센터가 하고 있는 그룹별 주가를 기초로 하여, 시황성격 동향과 종목선정 방법을 생각해보기로 하자〈그림 7-10〉.

닛코리서치센터에서는 선정한 360종목 평균을 토대로 다음과 같은 분류를 하고 있다.

① 등급별 : 닛코리서치센터에 의한 등급사정(신용평가)코스에 의해 1류주, 2류주, 3류주로 구분한다.

② 규모별 : 자본금 크기보다는 발행주식수를 기초로 하여 대형주(6억주 이상), 준대형주(3억~6억주), 중형주(1억~3억주), 준소형주(6,000만~1억주), 소형주(6,000만주 이하)의 5가지로 구분한다(이상 1989년 현재 기준).

③ 가격별 : 전년 연말 시점의 주가를 기준으로, 고가주(1,900엔 이상), 준고가주(1,300~1,900엔), 중가주(950~1,300엔), 준저가주(800~950엔), 저가주(800엔 이하)의 5단계로 구분한다.

④ 업종별 : 일본 표준산업분류의 소분류를 기준으로 100개 업종을 선정한다. 종목은 각 업종의 실태를 충분히 나타낼 수 있는 대표종목을 각 3~4종목 선정한다.

⑤ 특수분류별 : 각사의 주력제품을 기준으로 수출관련주, 설비투자관련주, 시황관련주, 재정투융자관련주, 소비관련주 등으로 구분한다. 여기에다 최근에는 뉴비즈니스를 더하고 있다. 예를 들면 공공서비스 관련주, 금융관련주, 신소재관련주, 바이오 테크놀러지 관

련주 등이다. 또한 임시적으로 도쿄시장의 테마와 관련하여 자원관
련주, 토지자산관련주 지수 등이 있다.

이상과 같은 그룹별 주가지수 중에서도 등급별인 1류주, 2류주와
같은 분류는 한번 선정하면 그 후에도 큰 변화가 없으나 가격별과
같이 주가수준에 의한 분류는 최근과 같은 주가의 등락상황이 격렬
한 시대에는 매년 바뀌가지 않으면 안 된다.

즉 주가지수로서 계속성이 있는 그룹과 전년에 비해 완전히 비연
속적인 그룹이 있는 것이다. 그러나 가격별 주가의 경우에도 예를
들면 저가주라는 성격을 가진 주가지수로서 생각하면 그 중에 편입
되어 있는 종목이 다음 해에 바뀌더라도 저가주는 어디까지나 저가
주 그룹이다.

물론 업종별의 경우에도 시대의 변화에 따라서는 업무내용이 완전
히 바뀌어버리는 경우도 있고, 특수분류의 경우에도 예전의 수출관
련주는 비료·조선·철강이 주역이었으나 현재는 전기 기기, 반도
체, 자동차로 바뀌어버렸다. 그러나 이 정도의 변화라면 시대에 맞
게 종목을 교체함으로써 서서히 내용이 변화되어 가면 결과적으로
20년을 거치는 사이에 그 종목의 대부분의 교체되었다 하더라도 시
황국면을 분석하는 데에는 거의 지장이 없을 것이다.

어려운 종목 등급사정

그룹별 주가지수를 작성하는 데 있어, 가장 어려운 것은 1류주,
3류주와 같이 종목의 등급을 매기는 것이다.

이 1류, 2류와 같은 등급별 주가지수를 이용하면 『등급사정(等級
査定) 방법과 각각의 랭킹이 매겨진 그룹별 종목을 가르쳐 달라』는

문의를 받는다. 이것에 대해서는『분석방법의 개략에 대해서는 어느 정도 설명해 줄 수 있으나, 그 구성종목은 외부에 발표하지 않기로 되어 있기 때문에…』라는 식으로 거절하고 있다. 이른바 기업비밀이라는 것이기 때문일까.

원래 등급사정에 대해서는 채권쪽의 역사가 오래 된다. 그리고 신뢰도도 높아 발행시장이나 유통시장에서도 그 등급 랭킹대로 발행가격과 유통가격이 통용되고 있다. 세계적으로도 미국의 무디사, S&P사 등 전문기관에 의한 사채의 등급사정이 오래 전부터 정착되어 있고 일본의 경우에도 일본공사채 연구소가 설립된 이래, 선문직인 등급사정기관이 등급을 발표하여 자금을 조달하는 기업과 투자가에 대해 중요한 기능을 수행하고 있다.

채권등급사정의 경우에는 그 포인트를 주로 발행회사의 원리금 지불능력, 즉 이자를 확실히 지불할 수 있는지 상환시에 원본을 되돌려 줄 수 있는지의 여부에 초점을 맞춘다. 이것은 은행이 대출심사를 하는 경우와 큰 차이가 없다고 보면 될 것이다. 기업의 재무구조와 현재는 토지나 증권의 장부가와 싯가와의 평가차익 등 기업의 순자산도 중요시되고 있다. 게다가 채권의 경우에는 등급사정의 목적이 발행시의 표면금리 결정 및 채권시장에서의 유통수익률 격차의 판단 등으로 명확하다.

그런데 주식의 경우에는 주가 그 자체가 시장의 수급관계나 그때 그 때의 시황성격 또는 테마성 등에 의해 평가된다. 그리고 장래의 성장성에 관한 비중이 무엇보다도 중시되기 때문에 재무제표와 같은 기업의 어느 시점에서의 정태적인 분석을 하는 경우와 달리 불확정 요인이 큰 것에도 문제가 있다. 그러나 이러한 어려운 문제가 있다

〈표 7-1〉 등급별 분류 채용항목

등급사정요소			채용항목과 내용	평점
양 적 요 소 (850)	기 업 활 동 요 소 (700)	수 익 성 (200)	총자본 경상이익률 매출액 경상이익률 자기자본 이익률 1주당 이익	40 50 40 70
		안 전 성 (200)	자기자본 비율 고정비율 유동비율 1주당 순자산 총자본 경상이익률 변동계수	50 30 30 70 20
		배 당 력 (150)	1주당 배당금 자기자본 배당률 배당성향	70 50 30
		성 장 성 (150)	매출액 경상이익 (과거 4년과 예상 1년의 평균성장률)	70 80
	시장요소(150)		과거 3년의 평균 거래량 과거 3년의 평균 매매회전율	70 80
질적요소(100)			기업의 업계지위, 기술력, 경영능력, 장래성 등에 대한 평가	100
조정항목(150)			종합평가에 대한 조정	50

출처 : 닛코리서치센터

하더라도 기업의 어느 시점에서의 수익성 및 안전성과 같은 실체면
에서의 우열격차를 중심으로 평가한 랭킹의 그룹이 현재 어떻게 주
가에 반영되어 있는가를 아는 것은 시황성격을 보는 데 있어 중요한
의미를 갖는다.

이러한 점에서 일본에서도 닛코리서치센터, 지쓰교노니혼사(實業
之日本社) 등이 각각의 분석방법에 의해 주식등급을 사정하고 있

다. 미국의 경우에도 S&P사는 『보통주의 상대적인 질을 측정하는 것은 곤란하다.』라고 하면서도 등급사정이 아닌 랭킹이라 칭하여 주식의 7계급의 랭킹을 매기고 있다.

닛코리서치센터의 등급사정방식은 〈표 7-1〉과 같은 채용항목표에 의해 가중된 등급사정항목의 평점을 합계하여 그 종합평점을 일정한 기준으로 A⁺, A, B⁺, B, C의 5단계로 분류하는 스코어링 시스템이다. 이 채용항목에서 볼 수 있듯이 계수로 파악할 수 있는 양적 요소는 큰 문제가 없으나 그것이 곤란한 질적 요소에 대해서는 사전에 평점이 매겨진 A, B, C, D, E의 5계급을 설정하여, 인위적으로 각 종목을 분류하는 방법을 채용하고 있다. 조정항목은 베테랑 애널리스트의 최종 체크에 의해 조정이 이루어지고 있다.

이러한 등급사정 항목의 선정방법 및 가중치 부여가 아무래도 자의적이라는 것은 부정할 수 없다. 그러나 주식의 실체가치를 나타내는 하나의 판단지표로서는 유효할 것이다.

투자묘미가 적은 1류주

이러한 등급사정에 의해 선정된 1류주와 일반적으로 주식시장에서 호칭되고 있는 「우량주」는 반드시 일치하지는 않으나 거의 비슷한 그룹이라 할 수 있다. 따라서 말 그대로라면 1류주, 즉 우량주는 주식시장에서 상대비교를 하면 다른 그룹에 비해 타당하게 평가받고 주가도 높아야 한다. 사실 동일그룹 내에 있어서는 그러한 경향이 강하다. 즉 1류주＝고가주, 또는 1, 2류주＝고·중가주라 해도 좋을 것이다.

다만 연간 주가상승 변화율, 또는 2~3년 단위로 본 시황성격의 상승 패턴에서 보면 1류·고가주의 투자효율은 반드시 좋다고는 할 수 없다. 1류주라 불리는 그룹이 활약한 것은 외국투자가가 처음으로 일본 시장에 본격적으로 등장했던 1969~70년으로 이 때는 성장주투자가 인기를 모으고 PER이 각광을 받았다. 그 다음은 제1차 오일쇼크 후 주식장세국면이 역실적장세와 같은 시기, 1975~77년에 걸쳐 재정투융자관련주와 수출관련주를 중심으로 1류·고가주가 상승했다. 다음은 1983~84년의 시기로 하이테크 관련주와 제약 등의 바이오 관련의 1류·고가주가 경박단소의 붐을 타고 큰 폭의 상승을 시현하였다. 그러나 이 기간을 제외하면 1류주는 거의 시장의 주도권 경쟁에서 밀려나 있었다.

따라서 「우량주」라 불리는 1류주는 끊임없이 타당하게 평가받고 있어 주가변화율에서 보면 투자묘미가 적은 그룹이라 할 수 있을지 모른다. 다만 큰 폭의 주가하락 위험성은 적다. 이른바 자산주로서 적합하다고 할 수 있을 것이다. 따라서 우량주라 불리는 1류주의 투자 타이밍은 불황기에 주식시장이 가장 부진을 면치 못하는 역실적 장세 국면이나 또는 외부로부터의 쇼크 재료에 의해 주가가 대폭락을 한 그러한 국면이다. 그런데 이러한 국면은 좀처럼 매입하기 어려운 시기이기도 하다.

이렇게 보면 우량주는 건실하고 내용이 좋은 기업에 대한 호칭이지 결코 큰 폭의 주가상승을 기대할 수 있는 그룹을 가리키는 것이 아니다.

이것에 비하면 3류주는 하이 리스크, 하이 리턴. 즉 불황기에는 적자·결손으로 전락하거나 도산의 위기에 빠지기 쉬운 기업체질을 갖고 있는 만큼 일단 하락하기 시작하면 어디까지 빠질지 알 수가

〈표 7-2〉 가격별 구분과 종목수의 변동

	고가주		저가주		저가주 종목의 교체	
	구 분	종목수	구 분	종목수	신규채용	삭제
1970년	350엔 이상	62	75엔 미만	71	–	–
1971	300	50	75	73	22	20
1972	350	51	75	60	10	23
1973	550	55	175	64	22	18
1974	400	71	165	62	22	24
1975	350	70	150	65	27	24
1976	450	69	150	84	24	5
1977	500	72	150	78	11	17
1978	500	77	150	65	6	19
1979	700	61	175	52	6	19
1980	700	48	175	50	16	18
1981	700	57	200	51	11	10
1982	750	51	200	56	16	11
1983	750	52	200	71	23	7
1984	1,000	41	250	93	30	9
1985	1,000	54	250	60	4	37
1986	1,000	57	300	54	13	19
1987	1,400	70	400	67	–	–
1988	1,600	69	500	61	–	–
1989	1,900	68	860	66	–	–
					계 263	계 280

출처 : 릿코리서치센터

없다. 주가하락의 위험성이 크고 저율배당 및 무배당기간이 긴 것도 3류주 그룹의 특징이다.

그러나 3류주는 업종적으로도 그 태반이 경기변동과 같이 움직이는 순환주로 기업수익 변화율이 대단히 크다. 따라서 주가 변화율도 크다. 그런만큼 타이밍을 잘만 포착 할 수 있다면 큰 리턴도 기대할 수 있는 것이다.

고가주보다 저가주

등급별 그룹에 비하면 주가수준을 기준으로 하는 가격별 그룹은 아주 간단히 분류할 수 있다. 다만 이 가격별 그룹의 경우는 그 그룹의 종목이 매년 교체된다. 이 상황은 〈표 7-2〉에서 보는 바와 같다. 1970년 당시의 저가주는 75엔 미만이었는데, 그것이 1989년에는 800엔 미만으로 높아졌다. 특히 1986년 이후에는 매년 크게 높아지고 있으며 게다가 그 채용종목의 30~50%가 해마다 교체되고 있다. 한편 고가주쪽은 저가주에 비하면 상승률은 낮다. 예를 들면, 1984년 당시 고가주라 하면 1,000엔 이상이고, 저가주라 하면 250엔 이하였다. 그것이 5년 사이에 고가주는 1,000엔에서 1,900엔으로 90% 상승한 데 비해 저가주는 250엔 이상에서 800엔 이하로 3.2배나 높아졌다. 얼마나 저가주의 상승이 급격했는가를 나타내고 있다.

물론 이 기간은 주식장세국면으로 말하면 금융장세에서 실적장세에 이르는 전후 최대의 자금잉여 장세가 전개되었던 기간이다. 그러나 반드시 저가주 수준만이 항상 높아진 것은 아니다. 예를 들면 1975~79년의 5년 사이에 저가주는 150엔 이하 수준에서 175엔 이하로 불과 16%정도밖에 상승하지 않았으나 고가주는 500엔 이상에서 1,000엔 이상으로 100%나 상승한 예도 있다〈그림 7-11〉.

그러면 고가주와 저가주 중 어느 쪽이 투자효율이 좋은가 하면 그것은 두말할 필요도 없이 저가주 투자가 좋다. 그 이유는 간단하다. 즉 저가주는 저가주 이하는 되지 않지만 언젠가 중가주나 고가주가 될 가능성은 누구도 부인할 수 없다. 이에 비해 고가주는 중가주나 저가주로 전락할 가능성이 많이 있기 때문이다.

〈그림 7-11〉 저가주와 고가주의 추이

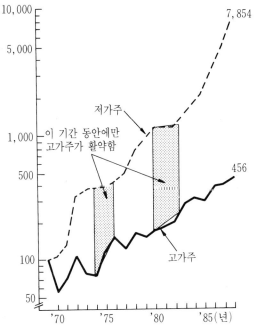

주 : 1960년 1월 5일=100. 각 연말 가격. 1988년은 5월 말 현재

사실 1970~88년의 18년 동안 매년 저가주 지수를 연초에 사서 연말에 판 경우 1982년의 마이너스 1.8%를 제외한 나머지 17년간 은 모두 플러스를 기록하고 있고 이 17년간의 연간 평균상승률은 27.4%의 높은 수준이다.

다만 이것은 어디까지나 저가주라는 지수를 매매했다고 가정한 경 우로 실제로는 어떠한 종목을 고르는가에 따라 전혀 반대의 결과가 일어났을지도 모른다. 또한 저가주는 원래 기업체질이 약하고 이익 수준도 낮은만큼 경기가 천장을 치게 되면 크게 하락하여 버린다. 따라서 성장주투자를 하듯이 장기에 걸쳐 지속 보유할 경우의 투자

〈그림 7-12〉 고가주·저가주 지향의 전환점

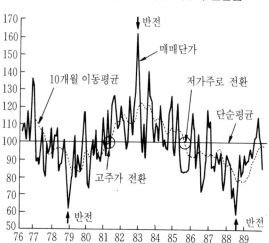

효율은 물론 나쁘게 된다.

매매단가 분석이 유효

이러한 저가주에 대한 투자가 대단히 유리한 국면과, 고주가에 투자하는 쪽이 더 투자효율이 높은 경우의 투자 타이밍을 포착하는 방법으로서 시장에서 매매되는 매매단가 패턴을 분석하는 방법이 있다.

동증 1부시장의 월간 매매대금 합계액을 월간 거래량 합계로 나누면 1주당 매매단가의 월중 평균주가를 얻을 수 있다. 이 숫자와 동증(東證)전종목 단순평균과 비교해보면 이 매매단가가 전종목 단순평균을 웃돌 때에는 주식시장에서 인기를 모으고 있는 것이 고가주라는 것을 나타내고 있다. 거꾸로 1주당 매매단가가 전종목 단순평균을 밑도는 시기는 저가주로 인기가 옮겨가 시장에서는 저가주가

상승하고 있다는 것을 나타내고 있다. 그런데 이러한 시장에서의 고가주에서 저가주로의 인기변화는 과거의 예에서 보면 거의 2~3년 주기로 이루어지고 있다.

이러한 경향을 그래프화한 것이 〈그림 7-12〉이다. 단순평균을 100으로 하여 매매단가의 월중 평균 움직임과 그것의 10개월 이동 평균선을 병기하여 그 습성을 살펴보면 매매단가는 단순평균의 수준에 비해 플러스 40%, 마이너스 40%를 넘어서면 각각 반전한다. 물론 단숨에 고가주나 저가주로 인기가 전환되는 것은 아니지만 하나의 신호가 된다.

10개월 이동평균 베이스로는 단순평균 주가에서 플러스, 마이너스 상하 20% 괴리된 때가 전환기가 된다. 따라서 우선 이 수준에서 체크하여 다음의 10개월 이동 평균선이 단순평균을 위에서 밑으로 뚫고 내려가면 시장의 인기가 저가주로 넘어간다는 것을 확인한 것이 되며 반대로 밑에서 위로 뚫고 올라가면 인기가 고가주로 전환되었다는 것을 알게 된다.

즉 10개월 이동 평균선이 단순평균 주가와 교차한 시점에서 자신의 보유주식의 평균단가를 단순평균보다 낮은 수준으로 끌어내리기 위하여 고가주를 팔고 저가주를 사거나 또는 그 반대로 저가주를 피하고 고가주를 사도록 하는 것이 좋다.

다만 그림에서도 볼 수 있듯이, 전환된 것처럼 보이면서도 2~3개월 지나면 재차 역전되는 것 같은 움직임을 보인다. 따라서 실제로 투자를 하는 경우는 좀 빠른 듯한 기분은 들지만 이 트렌드는 일단 전환하면 6개월이나 1년 내에 반전하는 그러한 일은 없다.

시황국면 포착하는 특수분류 주가지수

그룹별 주가지수 중에서도 업종별 주가지수는 시황성격을 분석하는 데 최적 그룹이라 할 수 있다. 혹은 이것을 다소 조정한 특수분류 주가지수를 이용하면 한층 더 주식시황 국면을 포착하기 쉽다. 예를 들어 경기가 되살아나기 시작하면 가장 먼저 활약하는 것이 소재산업인데 설탕에서 시작하여 철강, 해운까지 전업종, 전종목을 지수화할 수는 없다.

그래서 대표적인 종목을 골라「시황관련주」를 만들고 경기가 본격적으로 확대기를 맞이하여 설비투자가 활발해지기 시작한 경우, 이것을 기계주만으로 포착하는 것이 불가능하여 관련업종에서 59개 종목을 골라「설비투자 관련주」를 작성하여 실적장세 규모의 크기를 포착하는 데 도움이 되었다.

금융장세에서 활약하는 것은 문자 그대로 은행·증권, 손해보험주 등이지만 경기변동의 영향을 크게 받지 않는 대형주도 상승한다. 이것에 철도·육운·항공 등의 수송주에 방송·전신·전력·가스주 등을 보탠「공공관련주」이고 토지·주식 등의 미실현평가익을 많이 가지고 있는 역사가 오래된 방적·제지·창고주 등과 부동산주를 더한「자산관련주」등이다.

또는 제2차 오일쇼크로 일본의 중후장대산업은 그 태반이 구조적 불황산업으로 전락하고 말았는데, 이 사이에 기술집약적인 경박단소의 반도체 관련주와 정밀 등의「하이테크 관련주」가 활약했다. 그리고 당시는 암치료 신약이 주목을 끌었고 제약뿐만 아니라 합섬회사 및 식품회사 등도 바이오 테크놀러지를 이용한 신약의 개발에 힘을

〈표 7-3〉 특수분류 주가지수에 의한 상대 퍼모먼스

'84	'85	'86	'87	'88	'89

바이오 신약관련주

금융관련주

공공관련주

평가자산관련주
(부동산)

재정투
융자 관련주

소비관련주

시황관련주

TOPIX 상승률을
웃돈 기간

일렉트로닉스
관련주

설비투자관련주

TOPIX를 밑돌았으
나 그런 대로의 성적
을 올린 기간

기울이고 있었다. 그래서 새로이 「바이오 신약관련주」 등도 등장하여 금융장세에서 인기를 모아 큰 폭의 상승을 시현하였다.

이들 특수분류 주가지수는 실적이나 테마별로 개별종목을 선별한 특징 있는 포트폴리오로서 볼 수도 있다. 이러한 특징을 가진 포트폴리오가 연간 어떠한 성적을 거두었는가를 매년 1월의 월간 평균지수와 12월의 월간 평균지수의 등락을 비교한 것이 〈표 7-3〉이다. 이것에 의하면 각각의 포트폴리오 성적이 해에 따라 크게 다르다는 것을 알 수 있다. 주식장세 전체의 등락에도 다소 영향은 있으나, 해에 따라서는 완전히 역행하고 있는 경우도 있다.

동증주가지수(TOPIX)의 상승에 비해 각각의 특수분류 주가지수가 그것을 웃돈 기간을 보면 1984년부터의 금융장세에서 보조를 맞추어 활약한 것이 바이오 신약관련주, 금융관련주, 공공관련주, 토지자산관련주이고 이어서 재정투융자관련주이다. 곧이어 경기가 회복세로 돌아선 1986년에 들면서 소비관련주와 시황관련주가, 이윽고 경기가 본격적으로 확대되기 시작하자 설비투자관련주가, 조금 뒤져서 하이테크 관련주가 상승률을 높이고 있다.

규칙적인 주가의 계절습성

이러한 주식장세 국면추이와 각 특수분류 주가지수와의 연동성을 보고 있으면 각각의 주가지수가 닛케이 평균지수와 동증지수 등의 주가지수 상승률을 웃돌기 시작하면 그것이 비록 2년째에 투자했다 하더라도 주가지수를 웃도는 투자성과를 충분히 거둘 수 있다는 것을 나타내고 있다.

왜냐 하면 너무 깊게 그 이유를 물으면 대답하기 곤란하지만 닛케이 평균주가의 연간 움직임을 보는 한 도쿄시장에서의 주가의 계절습성은 놀랄 정도로 규칙성을 갖고 있다.

특히 10~11월부터 다음해 1~3월에 걸친 상승확률은 92.5%로 대단히 높다. 즉 과거 41회 중 38회의 상승을 보였다. 10~11월의 저점(底點)에서 2~3월의 고점(高點)까지의 평균 상승률은 18.5%이다. 이 패턴은 1978~88의 닛케이 평균지수의 평균상승률을 보아도 알 수 있다〈그림 7-13〉.

확률도 이 정도가 되면 확신으로 이어진다. 그 정도로 도쿄시장의 연말·연시의 신뢰도는 높은 것이다. 이것은 닛케이 평균의 12월 월

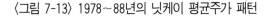

〈그림 7-13〉 1978~88년의 닛케이 평균주가 패턴

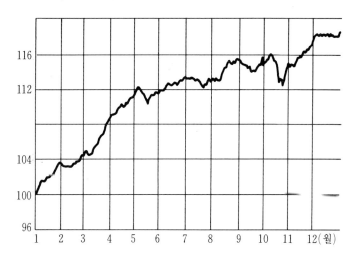

간 평균과 이듬해 1월의 월간 평균과의 상승률을 비교한 경우에도
마찬가지이다.

이 연말·연시의 상승에 비해 10월은 파란의 달이다. 12개월 중
에서 10월은 전월대비 상승률이 가장 낮은 달이고 그 다음이 5월이
다. 이와 같이 한해의 전반과 후반에 파란장면이 기다리고 있고 상
승률은 후반쪽이 높다. 또 그 내용도 5월 이후는 상승업종이 모두
교체되는데 비해 10월 이후의 상승장세에서는 드물게 거의 전면상승
에 가까운 장세가 전개된다. 그 전형적인 것이 1987년 4월에 전개된
금융장세에서 실적장세로의 격렬한 업종교체이다.

이 때는 1984년부터 3년간 상승세를 지속해 온 금융관련주, 바이
오 관련주, 공공관련주, 토지자산관련주가 1987년 4월에 대천장을
치고 〈그림 7-14〉, 대신에 전년도부터 상승을 개시한 시황관련주의
설비투자관련주에 바통을 넘겨 준다. 이러한 극단적인 예는 별도로

〈그림 7-14〉 금융장세에서 실적장세로의 전환(1987년)

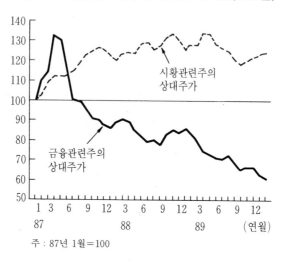

주 : 87년 1월＝100

치더라도 과거 5년간의 그룹별 주가의 동향을 분석한 경우 한해 전반의 인기대상의 양극화 장세와 후반부터 다음해 2~3월에 걸친 거의 전종목 상승에 가까운 각 그룹의 상승장세가 도쿄시장의 특징이라 할 수 있을 것이다.

이러한 도쿄시장 주가의 계절습성과 그룹별 주가지수로 본 인기대상의 동향을 전제로 하여 연간 투자전술을 생각해 보면, 우선 운용자금의 대부분을 과감하게 투자하는 것은 10~11월의 파란국면이다. 이 경우에 분산투자를 한다면 연(年) 후반부터 크게 하락한 업종에 비중을 두어도 좋다. 또는 주가지수와 연동하는 체계적인 운용을 하는 것이 가장 효율이 좋을 것이다. 그리고 2~3월에 걸쳐서는 이중 반수 이상을 팔아 시세차익을 챙기고 4~5월의 파란장세에 대비한다.

그 후는 보유주식 중 10%이상 상승하기 시작한 종목은 추가매입해가고 반대로 하락하거나 지루하게 박스권에 있는 종목을 팔아치운다. 이 상승하는 종목을 추가매입하고 하락하는 종목을 재빨리 파는 방법은 인기대상이 극단적으로 편중되는 그러한 양극화 장세에서는 가장 효과적인 투자전술이라 할 수 있을 것이다.

대량의 운용자금을 갖고 있는 펀드 매니저에게 있어 매년 10~11월의 파란장면에서의 투자행동이 한 해(매년 4월부터 다음해 3월 말까지) 투자 성과의 80%를 결정한다고 해도 과언은 아닐 것이다.

이상현상을 보이는 업종별 주가

업종별 주가는 원래 주식장세 국면추이의 영향을 가장 받기 쉬운 그룹이다. 그러나 1980년대 후반의 강세장세에서는 그 순환에 이상현상이 보이기 시작했다.

그 대표적 업종이 재정투융자관련주의 한무리이다. 즉 건설·토목·준설·도로·주택과 같은 업종은 종래 금융장세에 다소 뒤쳐져 평균을 웃도는 상승장세를 전개하고 실적장세의 초기에는 상승률이 둔화되어버린다. 즉 실적장세 전반의 주역인 소재산업 등 시황관련주와 후반에 활약하는 소비관련주, 설비투자관련주에 시장의 주도권을 넘겨준다.

이것은 불황기에는 금융·재정 양면에서의 경기대책이 이루어지기 때문에 공공투자 지출이 확대되어 도로·토목·건축수주가 급증함과 동시에 주택대출금리의 대폭인하가 이루어져 주택의 신규 착공건수가 늘어나기 때문이다. 그러나 곧이어 경기가 본격적인 확대기를 맞이하면 공공지출을 앞당긴 부분만큼 수주감소가 일어나고 또한

〈그림 7-15〉 이상한 움직임을 보인 재정투융자 관련주

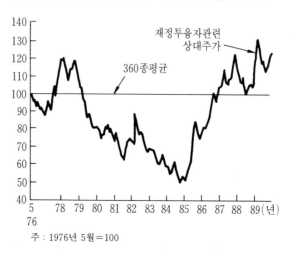

주 : 1976년 5월＝100

건자재가격의 상승에 따라 수익이 압박받기 시작하는 등 주가에 마이너스 재료가 나타나기 때문이다.

따라서 과거의 예에서는 재정투융자관련주는 금융관련주 등과 마찬가지로 강세장세 전반에 거의 3년 전후 활약하고 그 후는 리더역을 다른 업종에 넘겨주고 있다.

확실히 1984년부터 전개된 금융장세에서도 1985～87년의 3년간은 평균을 웃도는 상승세를 지속하였으나 1987～88년 말에는 이 사이 닛케이 평균지수 상승률의 3분의 1의 상승에 그치고 있다.

그런데 어떻게 된 셈인지 재정투융자관련주 지수는 1988～1989년 말에 걸쳐 전업종 중에서도 톱 클래스에 가까운 상승률을 나타냈다 〈그림 7-15〉. 게다가 주목해야 할 것은 조립주택 관련주가 재할인율의 인상이 있었던 1989년 5월 말 이후 크게 상승하여 그것도 사상 최고치를 경신하기 시작했던 것이다.

이와 같이 과거에는 생각할 수 없는 이상현상이 발생한 이유는 1980년대 후반의 건설투자 붐이 민간주도형 또는 민관공동의 대형 프로젝트에 의한 것으로 그 스케일에서 보아 쿠즈네츠의 건설투자순환이라 불리는 20년 사이클의 확장기를 맞이했기 때문이다. 즉 세계 최대의 채권국이 그 거액의 여유자금을 내수주도의 경기확대를 위해 투입하고 국내 프로젝트로서 도시와 교통 시스템의 재구축을 하기 시작한 결과이다. 대형부동산, 재개발 관련기업은 본업의 수익동향과 거의 관계 없이 주식시장에서 인기를 모으게 된다.

이러한 공사수주의 급증에 따라 일손부족이 심각해지고 또한 장기화됨에 따라 생력화가 진전된 대형 조립주택 메이커가 고급화 지향의 상품개발에 따른 부가가치 증대의 메리트를 살려 주택 론의 금리 인하에 의한 마이너스를 커버하고도 여전히 이익증가기조를 지속하는 것을 주식시장이 재인식하기 시작했던 것일 것이다. 게다가 일손부족에 의한 착공지연이 건설자재 가격의 인상을 억제하고 있는 점도 플러스로 작용하였다.

일기불순 경향은 확대

매출마진이 낮고 자기자본 비율이 낮은 상사주(商社株)도 금리상승에는 가장 약한 금리 민감주로 인식되어 왔다. 그 상사주, 특히 종합상사주가 1989년 12월 재할인율의 재인상 후에 인기를 모았다. 이러한 현상도 과거에는 생각할 수 없는 패턴이다.

원래 종합상사는 우수한 인재를 활용하여 상품을 움직일 뿐만 아니라 그 국제적인 정보망을 활용하여 은행·증권회사와 같은 규제를 받지 않는 논 뱅크(non bank)의 유리성을 발휘하여 자금조달과 재테크의 역량을 높여 왔다.

즉 일본 국내에서 다소 금리가 오르더라도 영향을 받기는 커녕 그 중에는 금융수지가 이미 흑자화되고 있는 종합상사조차 출현하고 있다. 이러한 구조적인 요인에 더해 1989년 말의 베를린 장벽 붕괴 이후 급속히 진전된 소련·동유럽권을 중심으로 한 세계질서의 재편이라는 흐름도 활동범위가 가장 넓은 일본의 종합상사에게는 순풍이 되고 이것을 주식시장이 재평가하게 된 것일 것이다.

그러나 1990년에 들어 또다시 재할인율이 인상되자 역시 큰 폭으로 하락하고 있다. 아무리 최강의 네트워크를 가진 종합상사라 하더라도 금리의 본격적인 상승에는 이길 수 없었던 것이다.

이와 같이 종래 주식장세의 시황국면 동향에 따라 순환하고 있던 업종별 주가도 일본 경제의 이상한 확대와 글로벌화, 그리고 진전되는 자유화 속에서 일시적으로는 역행하는 장면도 볼 수 있었다. 더욱이 도쿄시장에서도 M&A가 미국이나 유럽수준으로 일상 다반사적으로 일어나게 되자 겨울에 벚꽃이 피는 그러한 이상현상을 여기저기서 볼 수 있게 될 것이다.

예를 들면 금리상승으로 실적면에서는 문제를 많이 내포하고 있는 지방은행이나 중·소 금융관련주가 상승세를 지속하거나 적자 또는 이익감소가 예상되는 석유회사도 판매망이 M&A 재료로서 주목을 받아 최고치를 경신하는 등 그 징후는 부분적으로 볼 수 있다.

제 8 장

·

기관화 현상에 흔들리는 주식시장

『개별종목이든 특정 주식 그룹이든 활동적인 투자자가 수익기회를 얻는 유일한 방법은, 못보고 빠뜨리거나 또는 과실에 의해 경쟁상대의 컨센서스가 잘못됐을 때이다.』

— 찰스 D. 엘리스
《기관투자가 시대의 증권운용》에서

1. 모양이 변한 도쿄시장

법인의 매매대금 비중 증대

1965년도 말에 개인의 주식소유 비율은 45%, 금융기관은 23%, 일반법인은 18% 정도였다. 그것이 1988년도 말에는 개인의 소유비율은 22.4%로 떨어지고 그 대신에 금융기관의 소유비율은 42.5%로 급상승하였으며 일반법인도 25%로 조금 증가하였다〈그림 8-1〉. 과거 20여 년 사이에 개인이 판 주식의 대부분을 금융기관이 사들인 것이 된다.

〈그림 8-1〉 소유자별 주식소유비율

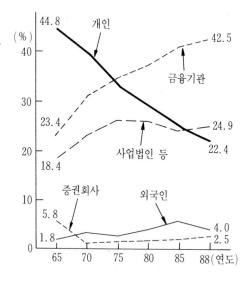

〈그림 8-2〉 투자가별 매매대금비중(동증 1부)

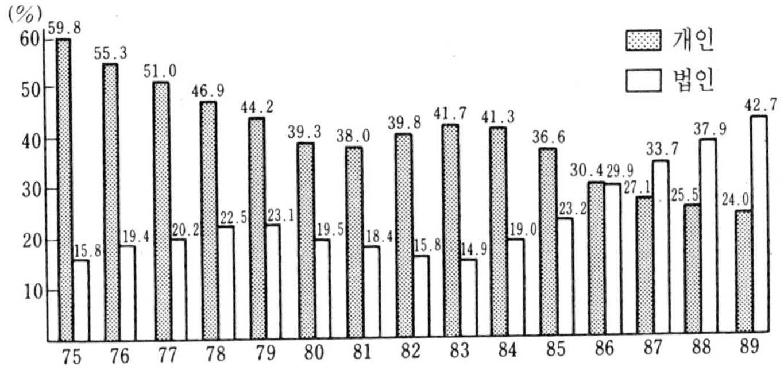

주 : 전국증권기래소협의회 주사,
    85년(1989년은 11월 말까지) 이후는 단위수 베이스

금 중에서 차지하는 개인투자가의 비율은 1975년경까지 60%로 과
반수를 넘었다. 이에 비해 금융기관을 포함한 법인의 비중은 불과
16% 전후에 불과했다. 즉 법인은 소유비율은 높아도 거의 매입일변
도였기 때문에 주식시장에서의 매매의 주역은 변함 없이 개인투자가
였던 것이다.

그런데 80년대에 들어 개인투자가의 매매대금 비중은 서서히 감소
하기 시작하여 특히 1985년 이후에는 그것이 가속화되어 1988년도
말에는 23.1%로, 반대로 법인의 비중이 41.4%로 확대되었다〈그림
8-2〉. 1989년에 들어서자 월간 베이스로는 개인의 비중은 20%를
밑도는 반면 법인은 45%로 더욱 비중을 높이고 있다. 아마 이러한
추세가 계속된다면 1990년에는 개인의 동증 1부시장에 차지하는 매
매비중은 연간 10%대로 떨어지게 될 것으로 전망된다.

이 법인의 매매대금 중에서 가장 주목되는 것이 은행의 비중이
다. 옛날에는 기관투자가 중에서도 가장 보수적이어서 동증 1부시장
의 매매대금 비중이 1975년 당시 불과 1% 전후에 불과했던 은행이

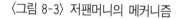

〈그림 8-3〉 저팬머니의 메커니즘

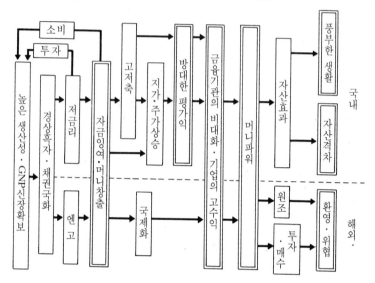

최근에는 연간으로 18%, 월간 베이스로는 20%를 차지할 정도로 급증하고 있다. 이렇게 법인의 매매대금 비중이 급증한 가장 큰 요인은 은행의 비중이 증가한 데 따른 것이라 할 수 있을 것이다. 게다가 그 은행 증가분의 태반은 1985년부터 시작된 신탁은행의 급격한 확대에 의한 것이다. 일찍이 볼 수 없었던 이러한 급격한 자본시장의 변화는 바로 재테크 붐의 도래에 의해 발생한 것이다.

2. 눈덩이처럼 불어난 재테크 자금

신탁은행으로 집중

이 막대한 재테크 붐의 배경이 된 저팬머니의 메커니즘에 대해서는 니혼케이자이신문(日本經濟新聞)의 연재기사『저팬머니 세계를 달린다』에 게재된 저팬머니의 창출 시스템의 플로 차트(flow chart) 〈그림 8-3〉를 보면 일목요연하게 알 수 있다. 이렇게 해서 창출된 돈은 토지와 주식에 투입되어 방대한 평가익을 낳고, 그 평가익을 토대로 기업이 국내외에서 자금을 조달하면 1% 정도의 저리로 자금을 빌릴 수 있었다. 이렇게 조달한 자금을 설비투자와 해외투자에 투입하고 그래도 자금이 남아 돌자 이것을 재테크를 위해 국내의 금융기관에 예탁한다.

개인은 개인대로 집을 사려고 하면 지가(地價)의 상승으로 높아진 분만큼 저축을 늘리고 주택자금을 빌리기 위해 고액의 보험에 가입하지 않을 수 없게 되고 그 돈을 수탁한 금융기관은 대출해야 할 기업으로부터 반대로 예금을 받는 형편이 되자 자금량은 더욱 늘어나게 된다.

이러한 자금의 일부가 특정금전신탁(特金)이나 지정금전신탁(펀드 트러스트)의 예입선인 신탁은행으로 집중되게 되어 그 예입자금의 합계는 1985년 3월 말로 특정금전신탁과 펀드 트러스트를 합해 5

〈그림 8-4〉 특정금전신탁·펀드 트러스트의 합계잔고 추이

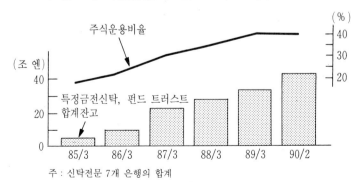

주 : 신탁전문 7개 은행의 합계

〈그림 8-5〉 특정금전신탁을 이용한 재테크 구조

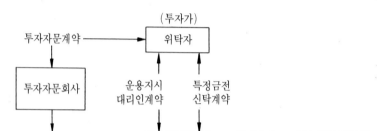

조엔이었던 것이 1990년 2월 말에는 무려 40조 엔으로 눈덩이처럼 불어났던 것이다〈그림 8-4〉.

그러면 세계의 금융맨들에게 고유명사로 통용되기까지 된 특정금전신탁과 펀드 트러스트에 대해서 조금 설명하기로 한다.

• 특정금전신탁 : 운용방법 및 운용선, 즉 대출금이면 대출선, 금액·기간·이율 등을, 주식운용이면 종목·주식수·가격 등을 위탁자가 특정할 수 있는 금전신탁으로, 신탁종료시의 신탁재산 교부는 원칙적으로 금전으로 이루어지지만 신탁은행에는 원본의 보전, 이익의 보충의무는 없다. 투자자문회사가 대리인이 되어 직접 신탁은행에 매매지시를 하는 케이스도 있다〈그림 8-5〉.

당초에는 법인이 종래부터 갖고 있던 유가증권을 장부가와 분리하여 매매를 할 수 있다는 회계처리상의 메리트 때문에 이용되는 예가 많았다. 그러나 특정금전신탁 운용분에 대해서도 저가법(低價法)의 도입이 결정되고 나서부터는 잔고가 늘지 않고 있다. 또한 1990년에 들어 금리가 급상승하고 주식장세가 조정국면을 맞이함에 따라 성장이 벽에 부딪친 것 같은 느낌이 든다.

• 펀드 트러스트(fund trust) : 특정금전신탁과는 달리, 운용은 신탁은행에 일임하고 신탁기간의 종료시에는 신탁재산을 현금이 아닌 현재의 상태로 수령할 수 있다. 1986년까지는 특정금전신탁보다 잔고가 적었으나, 그 후 특정금전신탁의 부진을 틈타 증가하기 시작하여 1989년 9월 말에는 27조 2,000억 엔에 달하고 있다. 그러나 장기금리의 상승에 따라 특정금전신탁과 마찬가지로 신장세가 둔화될 것으로 전망된다.

이후 특정금전신탁이나 펀드 트러스트를 대신하여 각광을 받는 것이 기업연금기금 그 중에서도 공적연금을 보완하는 후생연금기금이 될 것이다. 후생연금은 더 고수익 운용을 목표로 운용선을 종래의 생명보험회사와 신탁은행에서 투자자문회사로까지 넓히고 있다. 그 결과 기관투자가는 특정금전신탁과 같은 단기매매차익을 노린 투자자세에서 본래의 장기 성장성을 중시한 투자자세로 되돌아오게 될 것이다.

3. 단기시세차익에 치중

무시할 수 없는 인덱스 투자신탁

일본 기관투자가의 자산잔고는 생명보험 105조 엔, 신탁은행 66조 엔(대출신탁 등을 제외), 투자신탁 57조 엔, 손해보험 22조 엔, 투자자문 20조 엔 등 도합 270조 엔을 넘고 있다. 실로 방대한 자산이다. 게다가 매월, 매년 같이 운용자금은 늘어가고 있다.

이제 도쿄시장에서 개인투자가의 처지는 거대한 코끼리 사이를 빠져나가는 다람쥐 같은 존재가 되었다. 즉 이 거대한 운용자산을 가진 기관투자가의 동향을 무시하고는 장세의 동향 및 매입대상의 변화를 파악할 수가 없게 되었다. 물론 시장분석가들도 예외일 수는 없다.

그 중에서도 특정금전신탁과 펀드 트러스트 또는 생명보험회사의 변액보험(變額保險)과 같은 운용자금은 반년, 1년 단위로 운용성과를 평가하고 있다. 따라서 경우에 따라서는 며칠 사이에도 이익이 생기면 바로 매각하는 등 매매회전율이 거액 개인투자가와 같은 수준으로 높아졌다. 따라서 동증 1부시장에서 신탁은행의 매매비중이 이상 급증한 것도 어쩌면 당연하다고 할 수 있을 것이다.

한편 매매비중 면에서는 7~8% 수준이지만 역시 1986년 이후 잔고가 급증하고 있는 주식투자신탁의 동향도 요주의 대상이다. 종래 투자기간이 4~5년간이라는 안정운용의 유니트 타입 중기운용(中期運用)을 목적으로 하고 있던 투자신탁도 1988년 이후 시스템화된 인덱스 운용의 비중이 급증하였다.

인덱스(주가지수) 운용은 설정과 동시에 주식을 일시에 100% 편입하기 때문에 인덱스 연동의 펀드가 집중적으로 대량 설정되면 닛케이 평균지수 및 동증주가지수(TOPIX)가 「소리도 없이」 상승하게 된다. 이것은 외국계 증권회사를 통해 발주되는 아버트리지(arbitrage ; 현물시장과 선물시장의 차익을 노린 재정거래)가 대량으로 동시에 빈번하게 이루어지게 되어 이렇다 할 주가재료가 없는데에도 불구하고 시세가 갑자기 급등하거나 급락하는 요인이 되고 있는 것과 비슷한 현상인 것이다.

4. 금지된 장난

은행·생명보험도 특정금전신탁 운용

은행이나 생명보험회사 등 보수적인 금융기관이 갖고 있는 방대한 미실현 주식평가익은 원래 매각익을 목적으로 취득한 것이 아니다. 오히려 할 수 없이 매입한 것이라고 하는 편이 좋을지 모른다. 불황기에 발행회사로부터 부탁을 받거나 영업정책상의 이유로 상대방이 주주가 되기 위해 취득한 것이 대부분이다. 물론 최근과 같이 증자를 목적으로 고주가를 유지하기 위하여 상대 기업과의 주식상호보유를 강화하는 경우도 있을 것이고, M&A와 관련하여 안정주주로서 고가에서도 취득하지 않을 수 없는 경우도 일부 있을 것이다. 그러나 앞에서 말한 이유로 취득한 주식이 대부분으로 그것이 현재와 같은 금융기관의 방대한 미실현 평가익을 가져왔다고 해도 과언은 아닐 것이다.

그런데 이 보수적인 은행이나 생명보험회사가 자체는 물론 투자자문회사를 설립하여 일제히 단기매매차익을 목적으로 한 유가증권 운용에 나선 것이다. 자기자금은 물론 거래기업의 재테크 자금도 보태 특정금전신탁으로 운용을 하게 되었다.

단순히 생각한다면 냉정하게 여유를 가지고 실적이 약간 부진한 시기에 역행투자를 해 왔던 이들 기관투자가가 모던 포트폴리오 이론을 공부하여 리스크를 헤지하기 위하여 우량기업에 대한 분산투자를 하기 때문에 상당한 운용성과를 올릴 것이라고 생각하기 쉽다.

그러나 반드시 그렇지만은 않은 것이 현실이다.

특정금전신탁 운용이 시작된 그 당시 어느 대형 생명보험회사의
유가증권부장이 『이것 참 낭패입니다. 수영금지구역에서 수영을 하
는 그런 기분입니다.』라고 말한 적이 있다. 지금도 이 말을 잊을 수
가 없다.

잘 자라는 싹은 따고 잘 자라지 않는 싹을 남긴다

확실히 특정금전신탁 운용은 보수적인 금융기관에서 종래 해서는
안 되는 것이었던 단기 시세차익을 목적으로 하는 투기적인 주식투
자를 한다는 점에서도 그렇지만, 예상대로 상승한 종목은 실현익(實
現益)을 얻기 위해 재빨리 매각하지 않으면 안 되고 반대로 하락한
종목은 비록 구조적인 악재가 발생되더라도 매각손(賣却損)을 내기
힘든 현실 때문에 그만 움켜쥐고 있게 되는 것이다. 즉 기세 좋게
잘자라는 싹은 따내고 잘 자라지 않는 싹을 남겨두면 어떤 결과가
나타날 것인가를 그 베테랑급인 유가증권부장은 잘 알고 있었던 것
이다.

게다가 우량기업은 반드시 단기간에 상승하는 종목이라고는 할 수
없다. 우량주는 자산주로서 장기간 지속보유하는 종목으로서는 적합
할지 모르나 시장전체가 크게 무너질 때 이외에는 오히려 적정가격
으로 평가되고 있기 때문에 단기적인 시세차익을 노리는 종목으로는
오히려 부적합하다. 그러나 일임매매 인가를 받은 투자자문회사의
경우, 정기적으로 투자내용을 보고할 의무가 있기 때문에 아무래도
재무구조가 좋은 1류기업 주식을 밸런스 있게 편입하게 된다. 이러
한 유럽이나 미국식 모던 포트폴리오의 정석은 결코 특정금전신탁

운용을 위해 고안된 것은 아니다.

특정금전신탁을 이용하는 메리트의 하나는 매매손익을 배당으로서 계상할 수가 있고 평가손(評價損)은 그대로 이월(어쩔 수 없는 장기투자)시킬 수 있다는 데 있었다. 그런데 저가법의 도입으로 결산기에 그 기말의 시가로 재평가해야 하기 때문에 한층 더 종합수익률이 악화되게 되었다. 이에 따라 잘 자라지 않는 싹을 빨리 따지 않을 수 없게 되어 씨뿌리는 방법도 변하지 않을 수 없게 될 것이다.

5. 단기매매에서 살아 남는 길

하락종목은 버린다

필자가 기관투자가의 자금운용담당자를 상대로 한 세미나의 강의를 의뢰받으면 으레『장래 독립하여 프로 펀드 매니저로서 활약하려고 생각한다면 모르지만 대기업의 샐러리맨으로서 출세하기 바란다면 하루라도 빨리 현재의 업무에서 손을 떼야 하며 특히 특정금전신탁의 펀드 매니저는 피하는 것이 좋습니다.』라고 말하고 있다.

또 투자자문회사와 같은 운용전문회사의 펀드 매니저를 대상으로 하는 경우에는『우선 특정금전신탁을 운용하는 경우에는 장세의 무서움을 잘 이해해야 한다. 합의제 형태의 시황전망이나 기업수익 동향분석에 시간을 소비하더라도 운용성적 향상에는 거의 도움이 되지 않는다. 그것보다도 우선 룰을 잘 만들어 두고 그 룰에 따라 운용해야 한다.』라고 설명을 하고 우선 물타기 추격매입은 절대로 하지 말라고 강조한다.

한정된 짧은 기간 내에 물타기 추격매입을 하여 시장가격보다 비싼 종목의 주식수를 늘려 천천히 상승을 기다릴 여유가 없기 때문이다. 원래 기업내용보다도 주가상승에 주목하여 매입한 주식이 예상과 달리 하락했다는 것은 실패를 의미한다. 그것을 재빨리 매각하기는커녕 매입을 늘리는 것은 두 번의 실패를 범하는 것이라고 규정한다. 따라서 매입가격에서 몇% 하락한 종목은 보유하지 않는다는 룰을 정하여 두는 것이 좋다.

오르면 오히려 매입을 늘린다

두번째로 매입한 종목이 상승하면 곧바로 매각하지 말고 오히려 매입을 늘려가는 것이 바람직하다. 왜냐 하면 상승을 예상하여 매입한 종목이 조금 올랐다고 해서 10~20%의 상승에 만족하여 팔아버리면 보유한 포트폴리오 알맹이는 항상 평가손 종목만이 남게되고 앗차 하는 사이에 결산기를 맞이하게 된다. 종목수는 가능한 한 늘리지 않도록 한다.

상승종목은 매입을 늘리고 하락종목은 상승종목의 일부와 합쳐 매각하도록 하면 결과적으로 운용 종목수는 줄게 된다. 특정금전신탁 운용은 투자가 심리와 역행하는「역풍타기」보다는 강세를 지속하고 있는 종목에 대한「순풍타기」가 더 바람직하다. 리스크 헤지를 위해 폭넓게 분산투자를 한다면 오히려 인덱스 운용을 하는 편이 보다 낫다라는 특정금전신탁 운용에서 살아 남기 위한 몇 가지 경험법칙을 피력하고 있다.

특정금전신탁 운용의 경우에는 성장주 투자나 자산주의 장기보유를 위한 분산투자와는 완전히 이질적인 분야라는 인식을 갖고 있으

면 저절로 해답이 나오게 된다. 이 점에서는 채권이나 외환 딜링의
세계가 더 가깝다고 할 수 있을 것이다.

6. 신세대 펀드 매니저

저가 · 대형주에 집중투자

투자자문회사는 물론 금융기관의 대부분은 당초 경험이 풍부한 베
테랑 펀드 매니저를 배치하였다. 증권회사 셰일이면 주식부 출신자
나 조사부 출신자 등이 그것으로, 은행의 경우에도 증권부나 조사부
출신자가 적임이라고 인식되어 왔다.

그러나 주식부 출신자는 포트폴리오 이론에 제약을 받고 조사부
출신자는 운용이 너무나도 단기인 까닭에 실적과 주가의 시간차에
당혹감을 느끼게 되었다. 그러나 주식시장 전반은 재테크 붐을 배경
으로 상승세를 지속하고 양극화 장세에 고심하는 기간도 있었으나
그 때마다 찾아오는 전면 상승장세의 도움을 받아 왔다. 그러나 반
드시 모든 펀드가 고객의 만족을 주는 그러한 성적을 올렸다고는 할
수 없을 것이다.

특정금전신탁에 비해 펀드 트러스트의 잔고가 급증한 이유는 앞에
서 말한 제도개혁의 문제에 더해 상대가 신탁은행이라는 신뢰감에
있다. 모든 고객이 장기대출 이율에 1% 이상의 플러스 알파만 있으
면 충분하다는 생각을 갖고 있었던 것도 잔고증가에 기여했다. 따라
서 고수익률의 국내외 채권을 조합하여 우선 최저 수익률을 확보하
고 남은 자금으로 단기간의 시세차익을 노린 집중투자를 할 수 있었

다.

게다가 이 반사신경을 필요로 하는 매매의 책임자에 채권 및 외환 딜링을 경험한 젊은 딜러를 중심으로 한 신세대 펀드 매니저를 투입. 했다. 그들은 채권의 대량 시세차익매매, 즉 딜링 거래 경험을 저가 대형주에 대한 집중투자에 활용했던 것이다.

당시 이러한 펀드 트러스트의 펀드 매니저뿐만 아니라 대량의 자금으로 집중적인 매매를 하는 매니저에게 종목선정을 위한 필수조건을 3개 들어 보라고 했더니 『첫째가 유동성이 높을 것, 두번째 이하는 억지로 들자면 절대로 쓰러지지 않는 대기업』이라고 대답하였다.

신세대 펀드 트러스트 매니저가 등장한 타이밍도 실로 좋았다. 1986년은 3저 현상을 배경으로 사상 최대의 금융장세가 전개되었다. 그 중에서도 특히 지표주(指標株)로서 대량거래를 수반하면서 대장세를 형성한 것이 도쿄전력이다. 확실히 이만큼 대량으로 거래되는 종목도 없었고 또 도쿄전력만큼 도산할 걱정이 없는 기업도 없었던 것이다. 게다가 3저현상의 혜택을 받아 큰 폭의 이익증가를 기록하고 있었고 그 당시 최대의 테마였던 도쿄만 재개발 관련의 파도도 타고 있었다.

이 스케일이 큰 금융장세에 이어 전개된 실적장세도 그들의 편이었다. 저가 대형주에 실적도 호조를 보이고 사업의 재구축이라는 파도를 탄 신니혼(新日本)제철을 비롯한 대형 철강 메이커가 잇따라 상승세를 시현하였고 도중에 조선주(造船株)도 끌어들여 대장세를 전개하였다. 참으로 신세대 펀드 매니저에게 있어 최고의 투자환경이 계속되었다고 할 수 있을 것이다.

예전의 미국과 비슷한 현상

미국에 있어서도 60년대 중반 무렵부터 1971~72년에 걸쳐 투자신탁, 연금기금, 생명보험 등 기관투자가, 특히 민간연금기금의 주식투자가 활발해져 뉴욕시장의 시장기관화가 높아지고 주가형성에 큰 영향을 미치게 되었다.

즉 장기적인 자금의 성장을 투자목적으로 하는 기관투자가는 점차로 그 선정종목이 일치되어 불과 50~60종목에 집중투자를 하게 된다. 이에 따라 한정된 성장주 그룹의 PER은 50배 가까이 되고 다른 대다수의 종목은 인기가 이산되어 10배 전후의 PER에 방치되어 있었다.

이 당시 기관투자가의 뉴욕시장에 있어서의 매매대금 비중을 보면 1961년 말 무렵에 29% 미만이었던 것이 1974년 말에는 51.4%로 월간 베이스로는 70% 가까이 달했다고 한다.

이러한 성장주에 대한 집중투자를 실제로 한 것은 하버드 출신의 젊은 엘리트들이었다. 당시 그들은 어떤 부자들보다도 많은 운용자금을 지배하고 한정된 계약기간에 최대의 성과를 올리기 위해 한 줌의 엘리트 종목(50종목)에 주목했던 것이다. 이유야 어쨌든 동일 레벨에 있는 사람들이 동일한 투자이론에 따라 동일한 방향으로 움직인 결과 니프티 피프티(NIFTY FIFTY)라는 뉴욕시장의 양극화 장세가 형성되었던 것이다.

그러나 곧이어 찾아온 1973년 이후의 하락장세에서 이 인기집중의 50종목은 잇따라 큰 폭으로 하락하였고 이 신세대들은 모두 그리스 신화의 이카로스처럼 월 스트리트에서 사라지고 말았다.

한편 이쪽 현재의 도쿄시장. 일본을 대표하는 저가 대형기업이 3년 사이에 7~8배, 1년 사이에 2배나 상승하는 대장세는 1989년 5월 말의 재할인율 인상을 계기로 끝나려 하고 있다. 물론 경기는 현재로는 1990년에도 확대기조가 예상된다. 그러나 물가는 다소 상승기미를 보이고 있고 금융정책도 확실히 전환되고 있다. 따라서 신세대가 좋아하는 유동성이 높은 저가 대형주는 중기적인 역행투자 전법을 사용하지 않는 한 지금까지와 같은 딜링 거래를 계속할 수는 없을 것이다.

역사는 되풀이된다고 한다. 팍스 아메리카나(pax americana : 미국 주도하의 세계질서)—— 세계 최대의 채권국으로서의 영화를 누려온 미국의 번영시대에 종말을 고하려 한 1970년 초의 뉴욕시장의 환경과 현재의 도쿄시장이 어딘가 비슷한 점이 있다고 느끼는 것은 지나친 생각일까.

한편 기관화 현상이 심화됨에 따라 관심종목의 극단적인 양극화 장세와 그 반동으로 무너져간 뉴욕시장은 뉴욕다우 1,000달러를 저항선으로 하여 거의 10년여에 걸쳐 오르락내리락 하는 보합장세를 계속해 왔다. 이 사이에 크게 확대된 것이 나스다크(NASDAQ ; 미국 장외시장)이다.

이 시장에 개인투자가가 되돌아와 나스다크 시장은 뉴욕시장에 이은 제2위의 시장으로 성장해갔던 것이다. 일본의 경우에도 장외 주식시장은 이후 큰 비약이 기대되고 있다. 이 점에서도 당시의 미국 주식시장과 비슷한 코스를 밟을 가능성이 크다.

7. 개인 투자가는 어디로

접근하기 어려운 도쿄시장

동증 1부시장은 기관투자가라는 거대한 코끼리가 특정금전신탁과 펀드 트러스트를 통해 저가·대형주를 중심으로 억지라고 할 정도의 딜링 거래를 하고, 은행은 자금조달을 유리하게 하기 위해 기업은 M&A 대책이라는 명목하에 주식 상호보유라는 일반투자가에게 보이지 않는 손을 사용하여 고주가를 형성하고 있는 것처럼 보인다. 거기에 시스템화된 인덱스 운용이 「소리도 없이」 다가와 일반투자가의 피부로 느끼는 장세실감과는 관계 없이 닛케이 평균주가를 급등락시켜버린다.

이전에는 우선은 배당금을 즐기고 다음으로 기업의 이익성장을 측정하기 위한 PER을 척도로 장기투자를 해 왔던 일반투자가에게 갑자기 큐 레이쇼(Q Ratio)라든가 캐시 플로(cash flow) 같은 새로운 투자척도가 등장하였지만 이를 따라가지 못하는 것이 현실이다. 개인투자가에게 현재와 같이 급격히 기관화 현상이 진전된 도쿄시장은 더 이상 접근하기 어려운 시장이 되어가고 있는 것 같다.

미국에서 1960년부터 70년대 초에 걸쳐 급속히 뉴욕시장의 기관화가 추진되었기 때문에 1980년대 내내 뉴욕증권거래소의 개인소유 비율이 저하되고, 그 대신에 개인투자가의 자금은 나스닥이나 투자신탁으로 흘러들어갔다.

나스닥은 장외종목 시장조성자(market maker)의 매도호가와 매입호가 정보를 컴퓨터를 통해 증권회사와 투자가가 갖고 있는 단말기에 리얼 타임으로 표시하는 시스템이다.

1971년 2월부터 가동하기 시작한 이 시스템의 도입으로 미국 장외주식시장은 때마침 뉴욕시장을 이탈하여 흘러들어 온 개인투자가를 받아들여 크게 발전하여 지금은 뉴욕시장에 이은 전미(全美) 제2위의 시장규모로 성장하였다. 등록종목수로는 4,500사로 뉴욕시장의 약 1,700사를 크게 웃돌고 있다. 그 후 이 시스템은 더욱 충실을 거듭하여 매매주문 자동집행 시스템 뿐만 아니라 일부 종목에 대해서는 상세한 기업분석 데이터까지 제공하고 있다.

이것에 비하면 일본의 장외주식시장은 아직 요람기에 가깝다. 일본의 장외등록기업은 1990년 3월 말 현재 271사, 1990년 중에 이것이 약 400사 전후가 될 것으로 예상되어 동증 2부 상장기업수 446사에 필적하게 될 것이다.

한편 최근에 와서 장외등록시의 공모·매출은 발행주식수의 12. 5%에 25만 주를 더한 주식을 시장에 매각하도록 의무화되어 있는데 이것은 다른 시장에 상장하는 것에 비해 매집이나 M&A의 위험성이 훨씬 작기 때문에 기업경영자에게 큰 매력이 되어 장외등록에 대한 인기가 높아지고 있다.

그러나 가장 큰 장외시장 발전의 열쇠는 일본증권업협회가 1991년 11월 스타트를 목표로 현재 계획추진 중인 나스다크의 일본판인 증권회사의 단말기에서 직접 매매주문을 넣을 수 있는 컴퓨터에 의한 매매 시스템의 완성이다.

중견기업 육성에 힘을 기울이는 자코(JACO)는 장외 등록기업의 수에 대해 최근 2~3년은 연율 20~30%의 페이스로 증가세를 보이고 있어 1990년대 말에는 약 2,000사에 달할 것으로 예측되고 있다.

이 분야에도 이미 외국계 투자자문회사가 손을 뻗기 시작했지만, 일본의 대형 기관투자가는 유동성이 낮다는 이유로 아직 진출기미를 보이지 않고 있다. 개인투자가나 장기보유를 목적으로 한 연금기금에서 가장 매력 있는 시장이라고 할 수 있을 것이다.

해외 분산투자 시대로

1990년 3월의 동증 1부시장의 싯가총액은 약 500조 엔에 달하고 있다. 그러나 약 20년 전인 1968년 6월의 싯가총액은 불과 11조 6,000억 엔이었다. 앞에서 말한 대로 당시의 IBM 1개사의 싯가총액에도 미치지 못하는 보잘것 없는 것이었다.

현재 동남아시장은 물론 유럽의 유력 주식시장 중에서도 상장기업 싯가총액이 10조 엔을 넘는 시장은 적다. 대만같이 약간 투기적인 예를 제외하고는 수익률도 높고 PER도 낮다. 막대한 여유자금을 가진 일본의 기관투자가는 물론 개인투자가도 이제부터는 진지하게 해외 주식투자를 생각해야 되는 것이라고 생각된다.

다만 해외 주식시장 중에는 비거주자의 직접주식투자를 제한하고 있는 나라도 있다. 게다가 뉴욕이나 런던시장에 상장되어 있는 그러한 국제적으로 지명도가 높은 기업과 달리 기타 시장에 상장되어 있는 종목은 정보량이 적어 일반투자가가 입수하기 어렵다. 이러한 경우는 어느 특정국가의 주식을 편입하거나 또는 동남아시아 수개국, 유럽 수개국을 조합하여 글로벌 운용을 하고 있는 투자신탁을 구입하면 된다.

해외의 이러한 종류의 해외투자 펀드를 주식회사로 설립하여 주식시장에 상장하고 있는 케이스도 있다. 이미 나스다크에 상장되어 있는 대만 펀드나 코리아 펀드 등은 놀랄 정도의 상승을 보여 고배당을 실시하고 있다. 이러한 종류의 펀드는 해외에서 구입하는 경우는 거의가 달러표시이지만 국내 투자신탁의 경우는 엔화로 구입할 수 있다. 이들 모두 외환시세의 영향을 받게 되지만 통화의 분산투자를 할 찬스가 적은 개인투자가에게 엔화약세에 대비하는 일종의 헤지 기능까지 겸하는 것이 된다.

어쨌든 연금운용에서 글로벌 투자실적을 가지고 있는 외국계 투자신탁회사가 일본 국내에서 모집·운용을 하고 있어 드디어 일본 투자가도 해외주식에 대한 분산투자시대에 살고 있는 것이다.

이러한 해외 분산투자를 글로벌 운용이라 하는데, 시스템화되어 각국의 주가지수에 연동되도록 인덱스로 운용되는 예가 많다.

체계적인 운용방법은 80년대에 들어 일본의 투자신탁에서도 연구하여 왔으나 운용자금이 급증하기 시작한 1986년경부터 신상품이 잇따라 등장하여 좋은 성적을 거두었다. 종래「안전·유리한 운용」이라고 선전하는 것에 비해 실제로 수익자의 기대에 부응하지 못했던 투자신탁도 최근 인덱스 운용 등 시스템 운용에 본격적으로 나서 수익자의 수요에 부응하는 상품을 판매하고 있다. 드디어 컴퓨터를 이용한 시스템 운용시대가 막이 오른 것이다.

미국이 예전에 그랬던 것처럼 일본의 개인투자가도 크게 발전이 기대되는 장외주식시장과 상품의 다양화를 꾀하는 투자신탁에 서서히 관심을 높이게 될 것이다.

8. 시스템 운용의 시대

1980년대에 급증

액티브(active ; 적극적) 운용이란 펀드 매니저가 자신의 시세관 (時勢觀) 및 투자척도에 따라 액티브하게 주식 등을 운용하는 방법 이고 이에 비해 인덱스 운용을 포함한 체계적인 매매방법을 패시브 (passive ; 소극적) 운용이라고 한다.

일반투자가는 물론 단기간의 운용성적이 판매성적에 곧바로 영향 을 미치는 투자신탁이나 생명보험회사의 변액보험(變額保險)의 자 금운용, 그리고 특정금전신탁이나 신탁은행의 펀드 트러스트 등은 종래 그 대부분이 액티브 운용을 해왔다고 해도 과언은 아니다.

그러나 1980년대 초 금융완화에 따른 기업의 재테크 붐을 계기로 기관투자가의 단기간 실현익(實現益)을 노린 주식운용이 급증함에 따라 오히려 패시브한 운용의 비중이 매년 증가하여 투자신탁 등 주 식 운용자금의 60％ 가까이가 시스템화된 운용으로 바뀌고 있다. 2~3년 이내에는 이것이 80％에 이를 것으로 전망되고 있다. 이러 한 상황하에서 다른 기관투자가도 대동소이한 움직임을 보이고 있 다. 원래 액티브 운용에 의해 더 높은 운용성적을 올리려고 하는 투 자자문회사도 최근에는 급속히 인덱스 운용 등 시스템 운용의 비중 을 높이고 있다.

액티브 운용의 부진도 한 요인

이와 같이 시스템 운용이 성행하고 인기를 모으고 있는 이유는 시스템 운용의 성적이 어느 정도 안정되어 있다는 점도 있으나 오히려 종래의 액티브 운용 성적이 좋지 않았기 때문이라는 것이 더 큰 이유일 것이다.

미국에는 연금기금·투자신탁회사·투자자문회사 등 주식을 운용하는 회사의 운용성적을 일정한 기준으로 평가하는 인터섹이라는 기관이 있다. 그 인터섹이 최근 일본 주식만을 운용대상으로 하고 있는 일본의 특정금전신탁을 대상으로 1988년도의 운용성적을 조사한 바에 의하면 운용규모 30억엔 이상의 펀드에서는 과거 1년간의 운용수익률은 최대가 54%, 최저가 마이너스 15%였다. 그러면 운용규모가 작으면 성적이 좋은가 하면 그렇지도 않다. 예를 들면 운용규모 10억 엔 이상 클래스에서도 최대가 58%, 최저는 마이너스 14%로 거의 차이가 없고 오히려 격차가 더 큰 것이 눈에 띈다.

이 기간 동안의 닛케이 평균주가의 상승률은 25%였다. 이것에 비해 인터섹이 조사한 액티브 운용의 특정금전신탁 평균 운용수익률은 30억엔 이상, 10억 엔 이상이 모두 연율 10.5%로 이 기간 동안 닛케이 평균 상승률의 반에도 미치지 못하게 되자 인덱스 움직임에 완전히 연동되도록 시스템화한 인덱스 운용을 하는 쪽이 단연 유리하다고 판단하여 앞에서도 말한 바와 같이 시스템 운용의 비율이 최근에 와서 더욱 높아진 것이다.

1986년 동증주가지수(TOPIX) 12월의 월간 평균지수는 1월의 월간 평균지수에 비해 50.1%나 상승하였다. 이 해는 특정금전신탁이

확대기에 접어들고 투자신탁도 주식운용중심의 스파트형 투자신탁이 기록적인 신장세를 보인 해이기도 했다. 그러나 유감스럽게도 50% 라는 퍼포먼스(운용성적)를 올린 펀드는 전무(全無)에 가까웠다고 해도 좋을 것이다. 이와 같이 액티브 운용의 성적이 대체로 좋지 않다라는 결과와 현실적으로 인덱스가 매년 같이 연율로 두 자릿수 상승을 계속하고, 때에 따라서는 50% 가까이 상승하는 것이 전세계적으로 인덱스 운용이 성행하게 된 이유라 할 수 있다.

장기운봉을 목적으로 개빌

원래 인덱스 운용은 미국에서 연금운용과 같은 장기운용을 목적으로 하여 개발된 것이다. 한 해 정도 마이너스가 되는 해가 있다고 하더라도 장기적으로 보면 채권수익률을 웃도는 시세차익이 기대되기 때문이다. 더욱이 격렬한 운용경쟁이 이루어지고 있는 미국에서도 5년 이상에 걸쳐 인덱스(미국의 경우는 거의 S&P 500종목)의 상승률을 웃도는 좋은 성적을 계속하여 거둘 수 있는 펀드 매니저의 수가 극히 적다라는 이유 때문일 것이다. 컴퓨터의 능력이 높아지고 인덱스와 인덱스 펀드 상승률과의 괴리가 축소되어 더욱 신뢰도가 높아지는 한편 액티브 운용의 코스트에 비해 인덱스 운용의 코스트가 훨씬 적다는 것도 큰 매력이다.

예를 들면 미국에서는 인덱스 운용의 비용은 다른 운용비용의 약 20% 정도이다. 그러나 실제로는 미국의 주식운용 중에 차지하는 인덱스의 비율은 일본만큼 높지 않다. 1970년대에 들어 미국 주식시장이 장기간에 걸쳐 부진했다는 점, 1980년에 들어서부터는 미국의 금리가 높아졌다는 점 등이 1970년 이후 인덱스 운용이 별로 신장하지

〈표 8-1〉 급증하는 주식투자신탁

(단위 : 억 엔, %)

연도	설정	해약	상환	증감	순자산 총 액	주 식 편입률	상장주식 대 비	닛케이 평균(엔)
1981	12,155	13,035	895	▼1,776	40,062	40.6	1.6	7,681
1982	19,426	12,281	1,217	5,927	47,817	37.1	1.6	8.016
1983	25,077	13,866	3,676	7.534	61,512	35.7	1.6	9,893
1984	42,062	22,439	2,861	16,761	80,127	34.5	1.6	11,542
1985	58,847	34,351	2,680	21,815	103,786	33.4	1.7	13,113
1986	137.157	63,485	2,821	70,850	191,183	33.0	2.1	18,701
1987	222,998	93,292	3,592	126,113	306,143	31.6	2.7	21,564
1988	171,369	111,994	6.130	53,244	392,525	38.2	3.0	30,159
1989	244,731	217,994	4,596	22,140	455,494	49.5	-	38.915

못했던 이유이다.

그러나 또 하나 간과할 수 없는 이유는 인덱스 운용은 일명 「패자의 게임」이라 불리듯이 평균적인 운용성적을 올릴 수 없었던 낙오자가 생각한 방법이라 하여 유럽이나 미국의 펀드 매니저 대부분은 어디까지나 인덱스에 이기는 것을 목표로 한다는 긍지가 밑에 흐르고 있는 것은 아닌가 한다.

그러나 어느 쪽인가 하면 「빨간 불이라도 함께 건너면 두렵지 않다」라는 합의제의 일본의 운용조직에서 이 체계적인 인덱스 운용은 앞으로도 일시적으로 감소하는 일은 있을지 모르나 추세적으로는 확대기조를 지속할 것이다.

투자신탁의 60%가 시스템형으로

더욱이 주목되는 것은 최근의 주식투자신탁의 동향이다. 주식투자신탁도 초저금리시대에 돌입한 1986년부터 설정액이 급증하여 그 순자산은 1985년에 10조 3,786억 엔이었던 것이 1989년 말에는 45조 5,494억 엔으로 급증하였다. 그러나 연간 증가액은 1987년의 연간 12조 6,113억 엔에 비해 1989년에는 2조 2,140억 엔으로 신장률은 완전히 둔화되었다. 하지만 주식편입비율은 1988년부터 급상승하기 시작하여 1989년 말에는 마침내 사상 최고인 49.5%에 이르고 있다 〈표 8-1〉.

이러한 주요한 요인은 해약된 펀드의 태반이 주식편입에 제한이 있는 액티브한 운용타입이었는 데 비해 신규로 설정된 투자신탁의 60% 가까이가 시스템화되고 그것도 대부분이 주식을 100% 편입한 시스템 운용형 펀드로 설정되어 있기 때문이다.

일본의 경우 유럽이나 미국의 투자자문회사와 같이 퍼포먼스 피 (운용성적에 의해 운용요금이 변동하는) 방식을 채택하고 있지 않다. 물론 운용성적이 좋으면 운용을 위탁받는 액수가 늘어 그에 따라 수입도 증가하겠지만 계약건수가 늘면 코스트도 늘고 또한 발군의 성적을 올렸다고 하더라도 펀드 매니저의 연간수입이 수억 엔으로 인상되었다는 이야기도 거의 들을 수 없다. 따라서 장기 프라임 레이트에 플러스 1~2%가 되도록 운용하기만 하면 안심인 것이다. 게다가 닛케이 평균이 연간 10~20%씩 지속적으로 상승한다면 무리하게 하이 리턴을 위해 하이 리스크를 추구하기보다는 인덱스에 연동하려는 생각은 어쩌면 당연한 일인지도 모른다.

목표달성이 불가능한 케이스도

이와 같이 확대를 계속하는 인덱스 운용에도 몇 가지 문제점이 없는 것은 아니다.

예를 들면 실제로 운용되고 있는 인덱스 펀드의 대부분이 당초 예정되어 있던 것처럼 닛케이 평균이나 동증주가지수와의 괴리폭이 좀처럼 줄어들지 않고, 그 중에는 닛케이 평균이 15% 상승하였는데 인덱스 펀드가 11%의 상승에 불과하였다고 하는 예도 가끔 볼 수 있다.

어쨌든 미국의 인덱스 펀드가 장기운용의 연금기금운용을 중심으로 이루어지고 있는 데 비해 일본 인덱스 펀드의 대부분이 특정금전신탁이나 펀드 트러스트 등 1~2년의 단기자금이 주류를 차지하고 있다는 점이 문제이다. 게다가 오픈형(추가형으로 언제라도 가입자가 매매할 수 있다)의 경우는 더더욱 회전이 빠르다. 또한 일반법인 등도 인덱스 운용 소프트웨어를 구입하여 스스로 단기운용을 하고 있다.

이와 같이 인덱스 운용의 자금잔고 중 단기운용자금이 많아짐에 따라 운용행동이 어느 시기에 일방통행이 되기 쉬워지는 것이다.

닛케이 평균주가가 급등락

기관투자가의 단기운용을 목적으로 한 인덱스 운용 비율이 높아짐에 따라 도쿄주식시장에서도 종래에 볼 수 없었던 현상들이 나타나기 시작했다.

첫째로 닛케이 평균에 연동하는 인덱스 펀드의 설정이 집중되면 마치 장세가 「소리도 없이 오르는 것」과 같은 느낌으로 닛케이 평균만이 슬금슬금 오르고 무슨 종목이 상승하고 있는지 전혀 예상이 가지 않는다. 이것을 『장세에 표정이 없다.』라고도 한다. 즉 과거 같

〈그림 8-6〉 가타쿠라 주가의 닛케이 평균

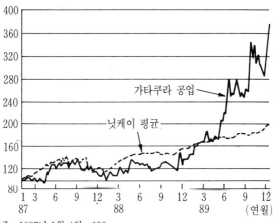

주 : 1987년 1월 4일＝100.

〈그림 8-7〉 마쓰자카야의 주가와 닛케이 평균

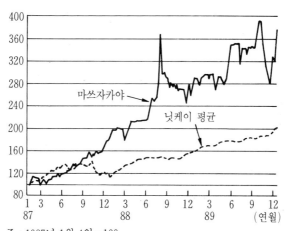

주 : 1987년 1월 4일＝100.

으면 소니 등의 고가주에 인기가 집중되어 장세가 좋아졌다고 느끼
거나 또는 철강·조선 등 저가 대형주가 대활황을 보이거나 건설주

가 상승한다거나 무엇인가가 중심이 되어 장세의 강약을 피부로 느낄 수 있었는 데 비해 이제는 끝나고 보니까 어느 종목이 상승해 있더라라는 느낌인 것이다.

이것은 예를 들면 닛케이 평균에 연동하는 인덱스 펀드가 설정되면 닛케이 평균 주가 채용종목만을 광범위하게 평균적으로 매입하기 때문에 악센트가 전혀 없는 것은 당연하다. 게다가 닛케이 평균 선물거래와의 「재정거래(裁定去來)」가 이루어지면 특별한 재료가 없어도 닛케이 평균은 하루에도 몇 차례 급등락을 반복하게 된다.

특히 재료도 없이 움직인다고 하는 것은 두번째 문제현상으로서 닛케이 평균채용 225종목 중 거래량이 적은 종목 주가의 이상한 움직임일 것이다. 즉 그 기업고유의 주가재료와는 전혀 관계 없이 주가가 급등하거나 갑자기 급락하는 것이다.

특히 1989년에 들어 발생한 가타쿠라(片倉)공업과 마쓰자카야(松坂屋)의 주가 움직임은 인덱스 운용이 일으킨 이상현상이라 할 수 있다〈그림 8-6, 7〉. 가타쿠라공업은 과거 매집소동이 있었기 때문에 그 후의 주주안정화조치에 의해 부동주가 적어졌다. 특히 가타쿠라공업은 1988년 11월의 1,860엔에서 1989년 9월 5,800엔까지의 급등은 순전히 인덱스 펀드의 잇단 설정·매입에 의한 상승 이외에는 아무것도 아니다. 이제 고가주가 된 양종목은 닛케이 평균 변동에 대한 기여율이 높아져 닛케이 평균연동의 인덱스 펀드에서 빠뜨릴 수 없는 종목이 되었다. 고도우(合同)주정이나 쇼지쿠(松竹 ; 영화제작 및 배급회사) 등도 이러한 그룹에 포함되는데 이후 닛케이 채용종목 중에서 M&A 관련으로 매수가 집중되는 종목이 나타날 경우, 두 개의 복잡한 매매에 의해 실적면에서는 물론 차트 리딩으로도 전혀 예측할 수 없는 급등락을 거듭하게 될 것이다.

액티브 운용의 부진에서 발생한 인덱스 운용은 그 운용자금이 예상 외의 하이 스피드로 확대되고 있다. 방대한 여유자금 운용이 계속되는 한 기관투자가의 인덱스 운용 비율은 높아지고 그것이 또 주가를 끌어올리게 될 것이다. 실제로 1989년 11월부터의 닛케이 평균 상승 피치는 예년의 연말연시 주가상승이라는 주가습성 때문이라고는 하지만 약간 이상한 상승이었다. 특히 그 단계에서 호재가 출현한 것도 아니다. 이것은 명백히 현물거래와의 시세차액을 노린 재정거래에 의해 상승이 증폭된 것으로 그 후의 빈락장면에서 닛케이 평균의 하락을 증폭시킨 원인이 되었다.

조정장면의 대응방법

어떠한 장기 강세장세도 언젠가는 조정장면을 맞이하게 된다. 그 경우 인덱스 펀드는 어떤 대응을 하는 것일까. 물론 선물시장이나 옵션 시장을 통한 리스크 헤지 시스템이 개발되어갈 것이다. 그러나 어디까지나 주가상승을 전제로 이루어지고 있는 단기운용을 목적으로 한 인덱스 펀드에서 그것은 미지의 세계와 조우(遭遇)인 것만은 확실하다. 90년대의 주식시장을 보는 데 이 인덱스 펀드의 동향은 가장 주목해야 할 과제의 하나라고 할 수 있을 것이다.

한때 풀이 죽어 있던 미국에서도 블랙 먼데이 폭락 이후 재차 인덱스 펀드의 인기가 되살아나고 있다. 특히 해외 분산투자를 하는 국제 인덱스 펀드의 증가세는 대단하다. 연금운용관계 전문지인《펜션즈 앤드 인베스트먼트 에이지》의 정기조사에 의하면 1년 이상의 장기운용 성적에서는 블랙 먼데이 이후 4분의 3 이상 액티브 운용의 주식 펀드가 S & P 500종목 상승률을 웃돌지 못하여 고객은 점점 운용수수료가 액티브 운용에 비해 4분의 1이나 낮은 패시브 운용으로 자금을 이동시킬 것이라고 전망했다.

패시브 운용이라고는 하지만 인덱스 운용도 단순히 주가지수에 연동만 해서는 더 이상 통용되지 않는 시대가 되었다. 이른바 기성복과 같은 단순한 인덱스 운용이 아닌 고객의 수요에 맞춘 치밀한 운용 시스템이 개발되고 있다. 물론 최종적으로는 인덱스의 상승보다도 상승률이 높고 인덱스의 하락보다도 하락률이 낮은 로 리스크 하이 리턴(low risk high return) 운용 시스템이 목표이다. 그 외에 미시(微視) 재무제표와 거시(巨視) 경제지표 등과 같은 복수의 요인을 포함시켜 종목을 고를 수 있는 멀티팩터 모델도 개발되고 있다.

일본의 경우에도 대형 증권사 계열의 투자자문회사가 저 PER 종목의 비중을 어느 정도 높이는 등, 부가가치를 첨가한 엔한스트 인덱스라는 타입의 인덱스 운용을 이용하여 미국의 연금기금을 수탁하는 예도 볼 수 있는 등 인덱스 운용도 드디어 기술개발 경쟁시대를 맞이하고 있다.

시스템 운용의 상품 갖추기도 증가

그러나 계량적 조사나 멀티팩터 모델과 같은 고도의 시스템에 의한 운용이 반드시 패시브 운용에서 최고의 퍼포먼스를 올린다고는 할 수 없다.

예를 들면 대형 투자신탁회사가 시스템을 개발한 저가주 전문의 「펀드 터모르」 등은 1986년 10월부터 시작하여 지금까지 10개가 설정되었는데 이미 상환이 끝난 제1호는 연평균 수익률이 33.5%, 제2호는 25.2%의 실적을 보였고 현재 운용 중인 것도 13.7%에서 42.2%(1989년 12월 말 현재)라는 좋은 성적을 거두고 있다. 이 상품개발의 힌트는 그룹별 주가의 가격별 주가 항목에서 상세하게 설명한 바와 같이 『저가주는 저가주 이하는 되지 않지만 중·고가주는 될 수 있다.』라는 단순한 발상과 과거 십수 년간에 걸친 저가주의 등락을 시뮬레이션한 결과에 의한 것이다.

한편 이 역풍타기와 같은 발상에 의해 시스템화된 저가주 펀드의 운용남낭사는 파거에 엑디브 오용의 경험이 전혀 없는 기숙계톳의 매니저이다. 간단명료한 운용 시스템과 자기나름의 시세관(時勢觀)을 필요로 하지 않는 펀드 매니저의 조합에 의해 호성적을 올리고 있는 이러한 종류의 펀드의 성공 예를 볼 때 머니 매니지먼트의 내일을 보는 것 같은 느낌이 든다.

이와 같이 투자가의 수요에 부응한 시스템 운용의 신상품이 잇따라 개발되면 한쪽으로 편중되기 쉬운 인덱스 운용에 따른 시장의 왜곡현상을 조금이나마 부드럽게 조정해줄 수 있을 것이다.

제 9 장

펀드 매니저 군상

『소멸해간 견해의 수효보다도 프라이드 때문에
월 스트리트의 낙오자가 된 사나이의 수가 더 많
다.』

—찰스 H. 다우

1. 액티브 운용의 전사들

진리는 변하지 않는다

애널리스트나 펀드 매니저 업무에 오랫동안 종사하다 보면 당연히 국내외의 저명한 애널리스트나 펀드 매너저와 접촉할 기회가 많다. 물론 그들로부터 배우는 것도 있다. 그러나 오히려 표면에 잘 나타나지 않는 존재이면서 아는 사람은 아는 그러한 사람들 중에 매력이 있는 사람이 있다. 물론 그들은 하나의 투철한 투자철학을 가지고 있고 거기에서 배우는 바가 크다.

최근 업무관계로 매년 오스트레일리아를 방문하고 있다. 그곳의 펀드 매니저 몇 사람과 친해졌다. 월 스트리트 정도는 아니지만 그들도 시드니와 멜버른의 기관투자가 사이를 운용성적과의 반대급부로 수입이 좋은 곳으로 옮겨 다닌다. 따라서 어디의 누구라고 기억하고 있더라도 별로 도움이 되지 않는다. 어디까지나 그 사람 개인이지 회사의 조직원이라는 개념이 거의 없기 때문이다. 그러나 일본인 이름조차 잘 잊어버리는 버릇이 있는 필자에게 잊혀지지 않는 영어 이름이 하나 있다. 스코티라는 사람인데 이것도 본명은 아니다. 이 콧대 높은 스코틀랜드인에게 우리들이 붙인 닉네임인 것이다.

그는 일본을 무척 좋아하는 친일인사로서 일본의 청주를, 그것도 따끈하게 데운 것을 아주 좋아한다. 그리고 취하면 몇 번이고 굳은 악수를 하고 도수 높은 안경너머로 커다란 눈을 껌뻑거리며 『당신의 의견에 모두 찬성이다. 진리는 변하지 않는다. 』라며 어깨를 껴안는

것이다. 이『진리는 변하지 않는다.』라는 말은 그의 입버릇이기도
하다. 또 어느 땐가 그는 나를 향해『일본인은 미국으로부터 자동차
와 트랜지스터 만드는 법을 배워 많은 돈을 벌었다. 그러나 그 돈의
운용방법을 미국인에게 배워서는 안 된다. 그것은 우리들 스코틀랜
드인으로부터 배워야 한다. 왜냐 하면 스코틀랜드에는 머니 매니지
먼트에 뛰어난 전통과 역사가 있기 때문이다.』라고 말하는 것이었
다.

중요한 일드 스프레드

확실히 미국은 글로벌한 투자는 뒤떨어져 있다. 과거의 채권국 중
에서는 런던의 시티에서 배양된 영국의 국제분산투자 노하우가 금융
대국 스위스와 함께 단연 뛰어나다. 『돈의 세계에서는 실적과 경험
이 최상의 신용력이다. 미스터, 이것도 진리다.』라고 다시 악수를
청하는 것이다.

또 어느 때 그는『국제분산투자를 하는 경우 그 나라의 경제성장
과 컨트리 리스크를 고려하는 것은 물론 문화·사회적인 차이도 있
기 때문에 하나의 투자척도만으로 결정해서는 안 된다. 그러나 그
나라의 장기채 수익률에서 수익주가비율(PER의 역수)을 뺀 일드 스
프레드(Yield Spread)만은 주식시장 전체의 동향을 파악하는 데 빼
놓을 수 없는 지표다.』라고 한다. 확실히 미국의 경우 1984년 하락
직전에도 1987년의 블랙 먼데이 폭락 직전에도 장기채 수익률과 주
식의 수익주가비율이 크게 괴리되어 있었다〈그림 9-1〉.

이러한 그의 생각은 강세장세의 최종국면, 즉 실적장세의 최종국
면에 기업수익의 신장이 둔화되는 한편, 단기금리의 상승보다 약간

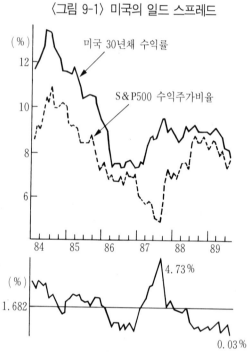

〈그림 9-1〉 미국의 일드 스프레드

주 : 1.682%는 1984년 이후의 평균 일드 스프레드

늦게 장기금리가 상승세로 돌아서기 시작하는 그러한 상태, 바꾸어 말하면 역금융장세의 도래를 예고한다는 것을 의미하고 있다. 스코티가 말하는 장세의 순환원리라 할까 진리는 어느 나라나 마찬가지인 것이다.

　그는 최근 어느 오스트레일리아 최대의 기업연금 펀드 매니저로 영입되었다. 단기금리가 18%, 게다가 엔화가 약세인 상태에서 일본주식에 투자하기란 여간 어려운 일이 아닐 것이다. 1989년 여름 일본을 방문한 그는 일본의 인덱스 운용의 상황을 조소하며 『그것은 패자의 게임이다. 일본에는 프로 펀드 매니저가 없다. 나는 글로벌 펀드를 운용하여 과거 한 번도 인덱스에 진 적이 없다. 게다가 일본인은 아직 하락장세에 들어갔을 때의 인덱스 운용의 비참함을 알지 못한다.』라고 호되게 나에게 독설을 퍼부었다.

그러나 그가 무슨 말을 하든 간에 스코티씨는 사랑하지 않을 수 없는 타고난 펀드 매니저라는 사실에는 변함이 없다.

일본 액티브 운용의 달인들

해외에서는 직업으로서의 펀드 매니저의 역사가 오래 되고 독립하여 투자자문회사를 가지고 오랜 기간에 걸친 운용성과에 의해 그것이 평가되는 케이스가 많다. 바꾸어 말하면 그들의 현재 위치나 연간수입이 그것을 말하고 있다고 해도 좋을 것이다.

그러나 일본의 경우에는 오랜 기간에 걸쳐 합의제에 의한 운용이 이루어지고 있고 게다가 펀드 매니저가 다른 곳으로 옮겨다니는 일은 거의 없었다고 해도 과언이 아니다.

그러나 그런 가운데서도 최근에는 그것을 전문가로서 평가하는 큰 회사도 출현하여 스테셜리스트(Specialist)로서 다른 대형 기관투자가의 펀드 매니저를 영입하는 예도 볼 수 있게 되었다.

K씨도 그 중의 한 사람이다. 오랜 기간 내가 집필하는 주간 리포트의 독자이기도 하여 다른 사람을 통해 비교적 최근부터 만나기 시작하였다. 어느 국내 대형 투자신탁의 펀드 매니저에서 전통 있는 해외의 투자신탁회사를 거쳐 다시 대형 신탁은행의 펀드 매니저로 영입된 K씨는 화려한 경력과 현재의 운용실적과는 전혀 대조적으로 늘 웃음을 잃지 않으면서도 조용하고 남의 눈에 띄는 것을 꺼려하는

신사이다.

술도 담배도 하지 않는 K씨는 말수가 적은 가운데서도 오로지 장세의 불가사의함과 펀드 매니저 일의 즐거움에 대해서만 말할 뿐이다. 가끔 나의 장세견해 등을 듣는 경우에도 『아 그렇습니까, 그 의견은 많은 참고가 되었습니다.』정도의 대꾸로 끝난다. 자신의 시세관에 대해 말하는 일은 거의 없다. 그러나 시황성격의 미묘한 변화를 헤아려 내는 탁월한 능력은 필자 따위는 도저히 따라갈 수가 없다. 더욱이 놀랄 일은 그 과단한 행동력이다. 후에 알게 된 것이지만 처음에는 조용히 남의 눈에 띄지 않게 그러나 끝나보면 놀랄 만큼 많은 자금을 시장 주도그룹에 저코스트로 투입하고 많은 사람들이 그것을 알아차렸을 때는 이미 모두 팔아치운 경우가 많다고 한다. 이러한 행동은 오랜 경험에서 나온 것인만큼 딜러 출신의 신세대 펀드 매니저가 도저히 흉내낼 수 없을 것이다.

리스크 헤지야말로 투자의 기본

처음에 이쪽에서 먼저 만나고 싶다고 연락을 하여 단골 멤버클럽에서 만나기로 하고 2~3분 늦게 도착했던 나는 A씨의 앞을 두세 차례 지나치고 말았다. 그만큼 수수한 분으로 실례되는 표현이기는 하지만 지방의 국민학교 교장선생님 같은 타입의 사람이었다.

A씨가 운용하는 투자신탁은 평균으로 십수 년간에 걸쳐 업계 상위에 랭크되어 있는데 특히 주목되는 것은 하락장세에 강하다는 점이다. 이것은 주식의 편입비율이 비정상적일 정도로 낮다는 데 있다.

이와 같이 주식의 편입비율이 낮음에도 불구하고 좋은 성적을 올

릴 수 있는 것은 도쿄시장의 양극화장세의 주도주 변화를 미리 읽어
내어 그 주도그룹에 집중투자를 하기 때문이다. 투자신탁은 리스크
헤지를 위해 분산투자가 의무화되어 있고 한 종목 편입한도도 5%로
제한되어 있다. 따라서 A씨는 업종을 집중화하는 대신에 종목을 분
산시켰던 것이다. 물론 그 중에는 상승하지 않는 업종도 있으나 결
코 물타기 매입은 하지 않는다. 오히려 오르는 그룹의 업종을 추가
로 매입하고 하락하는 종목은 매각하여 채권이나 현금비율을 높여간
다.

　이 방법은 말하기는 쉬우나 실행하기 어려운 투자전략이다. A씨
는『입사 후 처음 배치를 받아 신용거래 결제사무를 하면서 하락한
종목을 빨리 파는 것이 얼마나 중요한 것인가를 피부로 느꼈던 것이
지금까지 큰 도움이 되고 있다.』라고 이야기해 주었다. 끝으로『왜
때로는 과감하게 공격을 하지 않습니까?』라고 물었더니『일선 영업
자 시절에 액면을 밑도는 투자신탁을 파는 괴로움을 신물이 나도록
맛 보았습니다. 우선 리스크를 피하는 것이 무엇보다도 중요하다고
생각합니다. 리스크를 피하고 있는 사이에 평균적인 성적을 웃도는
리턴이 따라 오는 것이 아닐까요.』라고 들려주었다. 여기서 필자는
펀드 매니저의 진수를 보는 그러한 느낌이 들었다.

2. 사라져간 예언자들

잊혀져간 그랜빌

그랜빌 쇼크라는 말이 한 때 세계의 주식시장에 전해졌다. 미국의

시장분석가이면서 자료 판매업자로 억만장자였던 그랜빌의 광적인 듯한 초약세 예언은 그만큼 많은 투자가를 동요시켰던 것이다. 그러나 정작 뉴욕시장은 그가 TV를 통해서까지 예고한 대폭락을 일으키지 않았을 뿐만 아니라 그 후 수 년간에 걸쳐 사상 최고치를 계속하여 경신했던 것이다.

80년대 초 때마침 캔자스 시티에 있는 그의 사무소 가까이에 갈 기회가 있어 들렀더니 입구에 서있는 경비원이 그가 장기부재중이라고 알려주었다. 그의 특별회원 대부분이 그의 전화지시에 따라 보유주식을 전부 팔았을 뿐만 아니라 선물시장 및 옵션을 이용하여 폭락한 시점에서 되살 것을 목적으로 공매도(空賣渡)를 하여 막대한 손실을 입었기 때문에 일부 투자가의 보복을 두려워하여 몸을 숨긴 것이라고 월 스트리트의 어느 증권 맨이 가르쳐주었다.

절정기에는 그의 강연을 위해 주최자가 카네기홀을 빌려도 투자가는 넘쳐흘렀다. 그런 그가 1989년 여름 오랜만에 월 스트리트에서 주식강연회를 열었는데 참석자는 불과 17명이었다고 한다. 콧대가 높은 그는 그래도 여전히 『이번 강연회는 대단한 의의가 있었다.』라고 말하였다.

확실히 1960년 《그랜빌의 투자법칙 —— 주가변동을 최대로 활용하는 전략》을 집필하여 뉴욕시장에 등장했던 무렵의 그는 냉정한 시장분석가로서 그 분석력과 예측능력은 대단히 뛰어났다. 그러나 광적인 그의 행동은 그 후의 스타 취급이 그를 미치게 했는지 아니면 나이가 그를 하나의 생각에 집착케 했던 것인지는 모르겠지만, 당시 그는 완고해질 그런 나이는 아니었다.

다음으로 80년대의 초강세장세를 예측하여 인기를 모아 메릴린치

증권에서 독립하여 자료 판매업자가 되었던 로버트 프랙터의 경우도 그가 신봉하던 엘리어트 파동론을 분석한 결과『뉴욕시장은 블랙먼 데이를 계기로 완전히 장기의 강세장세가 종말을 고하고 1929년에 버금가는 약세장세로 돌입할 것이다.』라고 예측하였다. 물론 투자가 에게는 주식시장으로부터 완전히 손을 떼도록 권고하였다.

엘리어트 파동론에 대해서는 그 고찰자인 엘리어트도 그의 만년은 파동론의 법칙대로 패턴을 그리지 않는 실제 주가와의 갭에 고민하다 세상에서 잊혀진 것처럼 그 생애를 마쳤다. 오히려 그가 죽은 후에 몇 사람이 분석가에 의해 그 이론이 승계되고 변형이 부가되어졌다. 그러나 최종적으로는 그 애널리스트의 판단이 결정타가 되는 것도 사실이다. 즉 100% 확실성을 나타내는 분석방법은 존재하지 않는다고 해도 좋을 것이다.

오히려 일시적이지만 월 스트리트에서 이름을 떨친 사람들은 그래도 행복하였다고 할 수 있을 것이다.

균형감각이 중요

이 점에 있어 메릴린치의 시장분석가인 봅 파렐의 경우는 특히 투자가를 끌어당기는 그러한 대담한 예측을 하지는 않는다. 어느쪽인가 하면 애매모호한 표현을 늘어놓는 것처럼 보인다. 그러나 그가 월 스트리트 종사자들에 의한 인기투표에서 항상 상위에 랭크되는 것은 기술적인 분석에 구애받지 않고 펀더멘틀한 분석과 병행하여 균형잡힌 판단을 내리고 있기 때문일 것이다. 즉 기본적인 경기순환과 주식장세와의 관계에 관해 숙지한 후 그때 그때의 경제사상(經濟事象) 변화를 분석하고 투자가 심리의 과잉표출을 시장이 전해주는 기술적인 지표를 분석하면서 예측하기 때문일 것이다.

펀더멘틀 분석을 하는 애널리스트는 현상추인(現狀追認) 방식이기 때문에 그 리포트는 납득하기가 쉽다. 그러나 조리가 정연하다고는 할 수 없다. 반면에 테크니컬 애널리스트는 과거의 순환론을 중시하면서 시장의 센티먼트(sentiment)의 역(逆)을 읽지 않으면 안 된다. 바꾸어 말하면 끊임없이 소수의견에 서지 않으면 안되기 때문에 그만큼 리스크도 크다. 따라서 예측이 맞는 경우에는 물론 반향(反響)도 그만큼 크다.

균형감각을 갖고 있는 사람들은 이 양자의 결점을 알고 있는 사람들이라 할 수 있다. 그러기 위해서는 역시 우선 일의 기본을 배우고 몇 차례 예상하지 못했던 난국을 극복하고 경험을 쌓아가지 않으면 안 된다. 『주식투자만큼 실패로부터 많은 것을 배울 수 있는』세계는 없는 것 같다.

■ 역자 약력 ■
• 1957년 경북 영천출생
• 1976년 철도고등학교 졸업
• 1986년 한국외대 일본어과 졸업
• 신영증권 도쿄사무소장 역임
• 신영증권 강남지점장 역임

주식시장 흐름 읽는 법

제1판 1쇄 발행 | 1993년 10월 5일
제1판 79쇄 발행 | 2024년 4월 15일

지은이 | 우라가미 구니오
옮긴이 | 박승원
펴낸이 | 김수언
펴낸곳 | 한국경제신문 한경BP

주소 | 서울특별시 중구 청파로 463
기획출판팀 | 02-3604-590, 584
영업마케팅팀 | 02-3604-595, 562   FAX | 02-3604-599
H | http://bp.hankyung.com   E | bp@hankyung.com
F | www.facebook.com/hankyungbp
등록 | 제 2-315(1967. 5. 15)

ISBN 978-89-475-4730-7   03320